GRAN
ANGULAR

El asesino de *riders*

NANDO LÓPEZ

sm

fundación sm

**La Fundación SM destina los beneficios
de las empresas SM a programas culturales
y educativos, con especial atención a los
colectivos más desfavorecidos.**

Si quieres saber más sobre los programas
de la Fundación SM, entra en
www.fundacion-sm.org

LITERATURA**SM**•COM

Primera edición: marzo de 2026

Dirección editorial: Berta Márquez
Coordinación editorial: Paloma Muiña
Dirección de arte: Lara Peces
Coordinación de arte: Marta Mesa
Cubierta: Xavier Mula

© del texto: Nando López, 2026
c/o DOSPASSOS Agencia Literaria

© Ediciones SM, 2026
Impresores, 2
Parque Empresarial Prado del Espino
28660 Boadilla del Monte (Madrid)
www.grupo-sm.com

ISBN: 978-84-1055-532-7
Depósito legal: M-734-2026
Impreso en España / *Printed in Spain*

A quienes, por mucho que la vida nos duela, no se rinden.
Y a quienes quisimos y se fueron, porque seguís estando.

NOTA GENERAL
PARA LA REPRESENTACIÓN

Esta obra transcurre en dos tiempos y múltiples espacios. Para delimitarlos, es aconsejable contar con dos elementos: un diseño de iluminación adecuado –que ayude a diferenciar presente y pasado–, y una escenografía mínima y simbólica, de modo que los cambios espaciales no detengan el ritmo de la función, para que las escenas se sucedan ágiles. La idea es que se vayan superponiendo los diferentes contextos temporales, así como los diversos niveles de realidad.

Para marcar los espacios, los actores dispondrán de tizas con las que irán dibujando, durante la función, los contornos de los lugares que habitan: en el suelo, en paneles ubicados en el escenario o, si no fuera posible, en las propias paredes de la caja escénica.

El escenario está acotado por dos bancos, situados uno en cada extremo, que simularán los espacios fundamentales donde transcurre la acción: servirán para simular tanto el parque como, con la ayuda de cojines, edredones, mantas y cualquier otro elemento, los espacios domésticos y privados de los personajes.

En cuanto a los diálogos, los fragmentos marcados entre corchetes deben quedar interrumpidos y enmudecidos por la intervención del siguiente personaje, de modo que ambos textos se superpongan y prevalezca el segundo frente a primero.

PERSONAJES
(por orden de aparición)

ADAM
OMAR
MELANIE
POLICÍA 1
POLICÍA 2
DIANA
VÍCTOR
NELLY
FRAN
CANDELA
ALICIA
HÉCTOR
AISHA

1

Noche de domingo en una calle de una ciudad cualquiera.

En el centro del escenario, pintado con tizas en el suelo, un cruce y, junto a él, dibujado en un panel, un semáforo. Los focos marcarán el color del disco que, en el momento de la función, se encuentra en rojo.

No se oye nada, ni siquiera un claxon. Tampoco sirenas, ni peatones, ni ninguno de los sonidos propios de la vida urbana.

ADAM, un joven de unos diecinueve años, entra en escena montado en bicicleta. A su espalda, una gran mochila con el logo de una empresa de reparto a domicilio. Se detiene en el cruce, ante el semáforo en rojo, y le da a grabar un audio al móvil que, en el manillar de su bicicleta, le sirve de GPS.

ADAM *(Grabando su audio.)*

Cómo se nota que es la final... Me va a explotar el móvil con los pedidos.

(Cogiendo fuerzas para decir algo importante.)

Oye, Omar, que lo de anoche...

(Duda si detener el audio y borrarlo o seguir. Decide seguir.)

Iba a borrar esto, pero...
Mierda, vas a pensar que me he vuelto idiota...
Ya lo hablaremos con calma. Pero quería decirte que me fui muy rayado y...
No sé... Que me jode que estemos mal...
A ver, no mal de fatal, pero sí mal de raros.
Nos vemos, ¿vale? Quedamos cuando salga mañana de la uni y hablamos.

Duda si decir algo más, pero no se decide, así que le da a enviar. Mira el semáforo, que sigue en rojo. Echa un vistazo a derecha e izquierda y, decidido, arranca. En ese mismo momento se escucha un coche atravesar el cruce a toda velocidad. Escuchamos la colisión, que provoca un oscuro y a la que sigue un breve silencio. Vemos cómo se encienden los focos de coche –simulados por los focos escénicos o por linternas sostenidas por los actores– y vemos cómo este arranca de nuevo sin socorrer a ADAM, a quien abandona tirado en el suelo.

2

Las luces del escenario parpadean rápidamente y las ráfagas nos llevan de la noche del atropello a una mañana de domingo un mes atrás. Todos los actores de la compañía salen a escena, moviéndose hacia atrás y colocando un banco en el lado izquierdo del escenario. Cuando el parpadeo ha cesado y los focos recrean la luz matinal, solo se quedan en escena ADAM, *que se ha desprendido del chaleco reflectante que llevaba en la escena anterior, y* OMAR, *otro chico de su misma edad.* ADAM *está tumbado en el banco, con la cabeza en las piernas de* OMAR, *que lo acaricia con cariño.*

ADAM

Pues no se está mal así, no...

OMAR *(Riéndose.)*

Mira que te guste que te mimen.

ADAM

Te quejarás...

OMAR

¿Yo? Qué va... Pero como cojas ese curro, ya te puedes ir despidiendo de más domingos así.

ADAM

Omar, tío, no exageres. Tendré más lío, sí, pero no voy a estar todo el día currando.

OMAR

No, claro... El resto del tiempo estarás estudiando.

ADAM

Eso es culpa tuya.

Omar lo mira sin decir nada, con curiosidad por escuchar el resto de su argumento.

ADAM

Por pillarte del empollón de la clase.

OMAR

Obvio.

Los dos se ríen.

OMAR

No es culpa mía que el empollón fuera también el más guapo.

Omar se inclina y besa a Adam, que lo abraza y prolonga un poco el beso.

OMAR

En serio, Adam...

ADAM *(Intentando quitarle hierro.)*

Omar...

OMAR

Si yo solo [me preocupo...].

ADAM

Sé lo que me hago.

OMAR

Haces demasiado.

ADAM

Ya, pero desde que nos han vuelto a subir el alquiler en casa, se ha puesto todo más difícil... O sumo algo yo también o nos largan, así de fácil.

OMAR

Se están cargando el barrio.

ADAM

Quieren cargárselo, pero no vamos a dejar que lo hagan.

OMAR

Ya lo están haciendo, Adam. Cada vez hay menos vecinos y más guiris. Y lo peor es que no pasa nada... A los de la inmobiliaria solo les importa la pasta.

ADAM

Díselo a Diana, que en las últimas reuniones no ha hablado de otra cosa.

OMAR *(Con ironía.)*

Y se supone que estos son los mejores años de nuestra vida...

ADAM *(Riéndose.)*

Eso dicen...

Se besan. Entra MELANIE, *una chica también de su edad.*

MELANIE

Omar...

Nada más hablar MELANIE, *volvemos a ver, muy brevemente, el parpadeo de los focos que, cada vez que irrumpa en escena, nos indicará que hemos saltado en el tiempo. La iluminación general se oscurece y pasamos de aquella brillante mañana de domingo a una tarde en el presente, después del accidente.*

OMAR *se gira al oír a* MELANIE *al tiempo que* ADAM *sale de escena: no camina hacia atrás, sino lentamente, fingiendo movimientos leves y suaves, como si su cuerpo no pesara.*

3

Martes por la tarde.
Dos días después del atropello.

MELANIE

Omar, ¿estás bien?

Él no responde. Pasa sus dedos por dos iniciales, una O y una A, grabadas en el respaldo del banco.

OMAR

Estábamos en segund... No, no, no. En primero. Estábamos empezando el Bachillerato cuando las grabamos. ¿Lo ves? Para mí era mejor que contarlo en casa... A Adam eso había empezado a sacarlo de quicio. Y entonces... Bueno, entonces era todavía más impaciente que ahor...

(Se corta a sí mismo al darse cuenta de que acaba de decir un adverbio ya sin sentido.)

Le convencí de que poner aquí nuestras iniciales era mejor que decírselo a todo el mundo. «Es como si este banco fuera nuestro», le dije. Y él, que solo quería no tener miedo, se rio. Adam se reía siempre... Sobre todo, cuando estaba nervioso. O cuando no sabía qué decir... Me gusta... *(Traga saliva, se corrige de nuevo.)* Me gustaba esa risa.

MELANIE *(Señalando el banco.)*

¿Puedo?

OMAR asiente. MELANIE se coloca a su lado, con delicadeza, intentando no resultar invasiva, pero decidida a no dejarlo solo. Los dos permanecen en silencio hasta que OMAR, que agradece el esfuerzo de su amiga, busca el modo de abrir la conversación.

OMAR

¿Cómo ha ido?

MELANIE

¿La reunión?

OMAR asiente.

MELANIE

Como siempre... Ya sabes: nos hemos atascado en una gilipo-
llez y nos hemos pasado la tarde dándole vueltas a algo de lo
que suda todo el mundo, en vez de hablar lo que se supone que
íbamos a hablar.

OMAR *(Casi imperceptible.)*

Ajá.

MELANIE

Y lo peor no es eso, Omar. Lo peor es que siempre estamos los
mismos... Como si no importara. Como si no estuviera pasando
nada de lo que está pasando... Y claro, eso agota. Por mucho que
se lo curre Diana, que es la que más se lo curra, pues agota. Al
principio era una asamblea semanal. Luego, quincenal. Y ahora,
mensual. A este paso, nos vamos a conformar con una al año,
total, para lo que nos renta...

*OMAR vuelve a asentir con gesto distraído. MELANIE lo mira con
cariño. En su expresión se aprecia lo mucho que le duele verlo
sufrir. Pone su mano sobre una de las suyas. OMAR la mira. Ella le
sostiene la mirada.*

OMAR *(Obligándose a no romperse, masticando las palabras con rabia.)*

Es una mierda.

MELANIE *(Esforzándose por mantenerse tan serena como él.)*

Lo sé.

*OMAR se pone en pie enérgico y da unos pasos alrededor del banco,
hasta situarse de espaldas a MELANIE, apoyado en el respaldo.*

Omar

Alguien tuvo que ver algo.

Melanie *(Escéptica.)*

Están en ello. Pero ese día en la calle no había nadie...

Omar *(Soltando una carcajada amarga y descreída.)*

El maldito fútbol.

Melanie

Ayer interrogaron a unos cuantos del barrio.

Omar

El asesino no era de aquí.

Melanie

Pues díselo a la poli. Están convencidos de que sí.

Omar se gira hacia ella.

Omar

Están convencidos porque les conviene.
¿Cuánto vale una vida en este barrio, Melanie?

Melanie calla y baja la cabeza.

Omar

Tú y yo, ¿cuánto valemos?
Mírame.

Melanie alza la cabeza y lo mira tal y como él le pide.

Omar

¿Cuánto valemos para ellos, Mel?
¿Y Adam? ¿Cuánto valía Adam?

Melanie

A lo mejor aparece algún testigo...

OMAR *(Negando con la cabeza.)*

No se van a molestar en buscarlos. Nadie va a mover un dedo por una vida que no vale nada.

ADAM *(Off.)*

¡Melanie!

MELANIE se gira en busca del origen de esa voz que acaba de escuchar.

ADAM *(Off.)*

¡Mel!

4

Los focos nos indican con su parpadeo que volvemos a saltar en el tiempo. Los actores sacan y colocan un banco en el extremo derecho. OMAR sale de escena aprovechando el cambio de luz a la vez que ADAM entra cargado con unos folios y se sitúa en ese mismo banco, que él cubre con una sábana o edredón a modo de cama. MELANIE se acerca a él y, en cuanto están juntos, la luz se vuelve cálida, ubicándonos en el cuarto de ADAM.

Ella lee sus folios mientras él la observa expectante. Por fin, MELANIE termina y le da a ADAM esas páginas.

ADAM

¿Y?

MELANIE se pone en pie y resopla, dejando entrever que la lectura ha sido muy intensa.

ADAM *(Decepcionado.)*

No te ha gustado.

MELANIE

A ver...

ADAM

Dispara.

MELANIE

Mola...

ADAM

¿Pero...?

MELANIE

Tú sabes cuál es el pero.

ADAM

No, no lo sé.

MELANIE

Adam, no te hagas el tonto. No te pega.

ADAM

En serio, tía, no lo sé.

MELANIE

¿Se lo has pasado a Omar?

ADAM

Aún no.

MELANIE

Pues eso.

ADAM

No sé a qué te refieres.

MELANIE

No se lo has dado porque sabes lo que te va a decir.

ADAM *(Entendiendo.)*

Ah... No es él. Si lo dices por eso...

MELANIE *(Con ironía.)*

¿Ah, no?

ADAM

No.

MELANIE

Adam, tío, es superobvio. Y se va a rayar...

ADAM

No es más que un guion.

MELANIE

Sobre vosotros.

ADAM

No: sobre mucha gente entre la que, casualmente, aparecen dos tíos que se parecen un poco a nosotros.

MELANIE

Sí, dos tíos que, casualmente, viven en un barrio como el nuestro, que, casualmente, tienen amigas como *(MELANIE se señala a sí misma)* y que, casualmente, piensan, actúan y hablan como *(ahora lo señala a él).*

ADAM

Todo el mundo lo hace, ¿no?

MELANIE

¿El qué?

ADAM

Autoficción. ¿Qué puedes contar mejor que lo que te pasa a ti?

MELANIE

No sé... Pero tampoco estoy segura de que se puedan usar casualmente las vidas de los demás sin pedir permiso.

ADAM

Entonces, nadie habría escrito una mierda. Nunca.

MELANIE

Pues a ver qué opina Omar cuando lo lea, Cervantes.

ADAM

La ficción es ficción.

MELANIE *(Irónica.)*

Y casualidad...

Los dos se ríen.

MELANIE

¿Lo vas a presentar?

ADAM *(Encogiéndose de hombros.)*

No me dan esa subvención ni de coña.

MELANIE

Eso no lo sabes.

ADAM

Pues claro que lo sé.

MELANIE

A lo mejor sí que ganas... Es bueno.

ADAM

A esos concursos se presenta mucha gente.

MELANIE

Pero alguien tiene que ganar, ¿no?

ADAM

Ya sería raro que ganara yo.

MELANIE

¿Por?

ADAM

Porque nunca se gana en este barrio.

ADAM coge sus folios y sale de escena. MELANIE se queda sola. Mira con tristeza a su alrededor, como si estuviese buscando a ADAM, de quien no ha podido despedirse. En ese momento, OMAR entra en escena, por el lateral contrario al suyo, escribiendo un mensaje. MELANIE oye cómo suena ese mensaje entrante en su móvil. El sonido provoca un cambio de iluminación que nos trae de regreso al presente. MELANIE teclea una respuesta breve, suspira y camina hacia el centro del escenario, donde la espera ADAM. Tras ellos, el POLICÍA 1 y el POLICÍA 2 se colocan al fondo y simulan estar trabajando en sendas mesas.

5

MELANIE y OMAR, en la comisaría, hablan con el POLICÍA 1, que los trata con cierta apatía. A su lado, el POLICÍA 2, mucho más joven, los escucha atento, deseando intervenir.

POLICÍA 1

Estamos tomando todas las medidas necesarias.

OMAR

¿Se sabe algo nuevo?

POLICÍA 1

Cuando se sepa, se procederá a avisar a la familia de la víctima.

OMAR

Vamos, que no habéis averiguado una mierda.

MELANIE tira de la manga de OMAR para que se tranquilice.

POLICÍA 1

Cuidadito, chaval. Que todavía sales de aquí con una multa.

MELANIE

En el barrio se dice [que había testigos].

POLICÍA 1

Una cosa es lo que se diga en el barrio y otra, las evidencias. Y aquí, de momento, no hay ninguna.

OMAR

Si este barrio fuera otro, lo mismo sí importaba lo que se diga.

POLICÍA 1

¿Te llamas...?

OMAR

Omar.

POLICÍA 1

Mira, Omar, si quieres ver conspiraciones y movidas raras, es cosa tuya. Pero aquí solo cumplimos con nuestra obligación. Y tenemos tantas ganas como vosotros de saber lo que le pasó a vuestro amigo.

MELANIE

Si nos enteramos de algo más [os avisamos].

POLICÍA 1

Cualquier cosa puede servir de ayuda. Pero nada de jugar a los detectives, por favor. Dejadnos hacer nuestro trabajo.

OMAR está a punto de añadir algo, pero MELANIE se adelanta y le agarra la mano con fuerza para pedirle que se calle.

MELANIE

Así lo haremos.

OMAR sigue mirando al POLICÍA 1 sin intención de moverse, pero MELANIE se encarga de sacarlo de allí. El POLICÍA 1 sale de escena y, en ese momento, el POLICÍA 2 corre hasta ellos.

POLICÍA 2

¡Chicos! ¡Eh, chicos!

MELANIE y OMAR se giran, sorprendidos.

POLICÍA 2

Antes habéis comentado que se dice que hay gente que vio algo, ¿no?

MELANIE *(Dubitativa.)*

¿Sí?

POLICÍA 2

¿Y podríais decirme algún nombre?
Eso sí nos ayudaría.

OMAR *(Encogiéndose de hombros.)*

No hay nombre... Son cosas que se oyen.

POLICÍA 2 *(Comprensivo.)*

Ya, pero es que eso no nos vale... Necesitamos algo más concreto. Alguien que pueda decirnos lo que vio.

MELANIE *(Pesimista.)*

Me temo que, por ahora, no son más que rumores...

POLICÍA 2

Os aseguro que vamos a hacer todo lo posible por encontrar al culpable. De verdad. Pero tenéis que darnos tiempo.

OMAR no responde. MELANIE mira al POLICÍA 2 a los ojos.

MELANIE

Gracias.

El POLICÍA 2 baja la cabeza en señal de despedida y se marcha de allí.

MELANIE

Parece buen tío.

OMAR

¿Y?

MELANIE

Pues que este sí parece que quiere coger al que lo hizo.

OMAR *(Negativo.)*

No van a hacer nada.

MELANIE

Eso no lo sabes.

ADAM entra en escena y se coloca en un extremo del escenario, de modo que MELANIE vive dos conversaciones a la vez: la que ahora mantiene con OMAR y la que hace solo unos días tuvo con ADAM.

OMAR	ADAM
Lo sé.	Pues claro que lo sé.

MELANIE

A lo mejor...

OMAR	ADAM
Hay demasiados casos por resolver	A esos concursos. se presenta mucha gente.

MELANIE

Pero alguien tiene que...

OMAR	ADAM
No van a hacer nada.	Ya sería raro que ganara yo.

MELANIE

¿Por?

Las dos voces suenan a la vez, indistintas.

OMAR	ADAM
Porque nunca se gana en este barrio.	Porque nunca se gana en este barrio.

ADAM desaparece de escena al tiempo que MELANIE y OMAR se miran con tristeza. Caminan juntos, sin hablar, mientras un grupo de cinco jóvenes entra en escena y se coloca alrededor del banco del lateral izquierdo. Los cinco se sientan en él justo antes de que OMAR y MELANIE se acerquen y se sumen a ellos.

6

En el banco del parque están DIANA *–con actitud de líder–,* VÍCTOR, NELLY, FRAN, *y* CANDELA. OMAR *se sienta algo más apartado, sin poner demasiada atención en lo que hablan.* MELANIE, *sin embargo, sí se suma con interés a la conversación.*

DIANA

No podemos seguir así.

VÍCTOR

¿Así cómo?

DIANA

Sin un local, sin registrarnos como asociación, hasta sin un nombre.

NELLY

Hay cosas más urgentes que un nombre, Diana. Tampoco somos un partido político.

DIANA

Pues a lo mejor llega un punto en que sí queremos serlo.

VÍCTOR

¿Estás de coña?

DIANA

Yo qué sé, Víctor. Pero se supone que esto es serio, ¿no? Que la idea de montar una asociación era algo más que venirnos al parque a soltar nuestras pajas mentales a la vez que hacemos botellón.

VÍCTOR

Pues a mí lo del botellón no me parece tan mal.

Se ríen todos.

NELLY

Que sí, Diana, si tienes razón en que necesitamos todo eso, pero es que ahora no es [el momento].

DIANA

¿Y cuándo va a serlo, Nelly? Hacer esto medio oficial es el único modo de que nos tomen en serio. Y de que hablen de nosotras en algún sitio.

FRAN *(Sarcástico.)*

Una asociación más. Como si hubiera pocas... Sí, seguro que la prensa se va a matar por sacarnos en portada...

DIANA

Sin nombre, seguro que no nos sacan en ningún sitio. Si no tienes nombre, no existes. ¿O por qué te crees que me puse Diana?

FRAN *(Bromeando, pero con cariño.)*

Porque eres una diosa.

DIANA *(Riéndose, agradeciendo la broma.)*

Eso también, Fran... Pero no cualquier diosa. Cuando empecé con la transición, tenía claro que quería el nombre de una guerrera. Porque de eso van nuestras vidas, ¿no?

FRAN *(Escéptico.)*

¿De qué? ¿De resistir?

DIANA

Con resistir no basta. Resistir suena a conformarse.

FRAN

No: resistir suena a no dejar que te pisen.

OMAR *(Sin moverse, desde el rincón en el que sigue agazapado. Con voz cortante.)*

O a que no te atropellen como si fueses una mierda.

Se hace un silencio incómodo.

CANDELA *(A DIANA.)*

Tía, no te obsesiones. Ya daremos con un nombre.

NELLY

Pero ahora lo urgente [es otra cosa].

DIANA

Ya, ya, ya... Lo urgente siempre es otra cosa.

OMAR

Lo urgente es que quien asesinó a Adam lo pague.

CANDELA

Hemos preguntado por todas partes...

OMAR *(Brusco.)*

Pues habrá que seguir preguntando.

MELANIE se acerca a OMAR. Sin decir nada, se sienta junto a él.

MELANIE

La poli nos ha insistido en que necesitan algún testigo.

OMAR

La poli pasa.

MELANIE

No todos... El agente con el que hemos hablado hoy quería ayudar. Sonaba sincero.

OMAR se encoge de hombros, escéptico.

CANDELA *(Buscando en su móvil.)*

Esta mañana he visto una noticia que...

VÍCTOR

No va a ser fácil dar con algún testigo... Esa noche estaba todo el mundo en su casa...

NELLY *(Apostillando.)*

... o en un bar...

VÍCTOR

... viendo el partido.

CANDELA *(Mostrándoles su móvil, tras encontrar lo que buscaba.)*

Aquí está. ¿Lo habéis leído?

Se acercan. Ella desliza varias pantallas de una publicación de Instagram.

CANDELA

No es un caso aislado. Ha habido tres más en esta ciudad en lo que va de año.

DIANA

¿Y?

CANDELA

¿Cómo que «y»?

Mira al resto esperando que la sigan en su deducción, pero nadie la secunda.

CANDELA

¿Y si fue el mismo tipo en los tres casos?

NELLY

Mucho cine has visto tú, tía.

CANDELA

Podría haber sido un psicópata de esos.

FRAN *(Sin tomárselo en serio. Irónico.)*

«El asesino de *riders*».

NELLY *(A CANDELA.)*

Podemos vender los derechos de la peli.

NELLY y DIANA también se ríen. Las dos se dan un pico y OMAR, desde su rincón, se pone en pie y estalla.

OMAR

No tiene ninguna gracia.

DIANA y NELLY se giran, sorprendidas por su reacción.

DIANA

Omar, perdona, no queríamos [ofenderte].

OMAR *(Arrepentido.)*

Da igual, si soy yo, que no me soporto.

NELLY *(A OMAR.)*

No pasa nada.

OMAR *(Frustrado y dolido, también consigo mismo.)*

Sí pasa, Nelly. Claro que pasa.

(Se pone en pie para marcharse.)

DIANA

Omar, venga, quédate un poco.

OMAR *(Saliendo.)*

Nos vemos. Chao.

7

OMAR cruza deprisa el escenario. Mientras avanza, los focos parpadean de nuevo y nos llevan al pasado. OMAR camina tan rápido que casi arrolla a ADAM, que acaba de aparecer en escena y lo espera delante de un tablón donde él mismo, con tiza, ha escrito la palabra «Cine» (o, si la compañía lo prefiere, el título de una película concreta).

ADAM *(Riendo y llamando su atención.)*

¡Eh! ¡Que todavía queda un cuarto de hora!

OMAR mira su móvil y comprueba que ADAM tiene razón. Resopla aliviado.

OMAR

Pensaba que [no llegaba].

Antes de que acabe de hablar, ADAM lo interrumpe con un beso largo y apasionado.

ADAM *(Seductor.)*

¿Pensabas...?

OMAR *(Coqueteando también.)*

¿Yo? En nada... Bueno, sí, en esto...

Ahora es OMAR quien abraza con fuerza a ADAM y lo besa.

ADAM

Mola este pensamiento.

Los dos se ríen con complicidad. ADAM busca las entradas en su móvil.

OMAR

Tenía que haber pillado el metro en vez del bus. Había atascazo...

ADAM

Este sitio nos pilla lejísimos.

OMAR

Es nuestro cine, tío.

ADAM *(Bromeando.)*

Qué romántico que es mi niño.

OMAR

Venga, vamos a entrar, que ya sabes que odio perderme los tráilers.

ADAM

A lo mejor la próxima peli la podemos ver en [nuestro barrio].

OMAR

Porfa, hoy no.

ADAM

No he dicho nada.

OMAR

Ibas a decirlo.

ADAM

Lo único que digo es que si no va nadie, acabarán cerrándolo.

OMAR

Hoy no.

ADAM

¿Hoy no qué?

OMAR

Hoy no vamos a discutir por eso.

ADAM

No estamos discutiendo.

OMAR

Porque estoy evitando que lo hagamos.

ADAM *(Ligeramente decepcionado.)*

Ya.

(Esforzándose por cambiar el tema y el tono.)

Vamos, que a este paso te pierdes tus tráilers.

OMAR

Capullo.

Los dos se ríen y se disponen a entrar. ADAM pasa primero y sale de escena.

OMAR siente que su móvil vibra y, en ese momento, el parpadeo de los focos y un rápido cambio de iluminación nos devuelven al presente. Su gesto se oscurece al ver quién lo llama. Responde.

OMAR

Sí... Sí puedo... Claro... Voy para allá.

8

ALICIA y HÉCTOR, los padres de ADAM, esperan en su casa, senta-
dos en el banco del lateral derecho, en un silencio tenso. Tras ellos,
en un panel, han dibujado con tiza siluetas rectangulares que ima-
ginamos que aluden a fotografías que no vemos.

Suena el timbre y HÉCTOR abre. Al ver a OMAR, le da un fuerte
abrazo y ALICIA hace lo mismo. OMAR, que trata de mantenerse
entero, acepta sus abrazos, agradecido. Se sienta con ellos.

ALICIA

Gracias por venir.

OMAR

Nada.

HÉCTOR

¿Cómo estás?

Él se encoge de hombros.

ALICIA

La policía sigue sin saber nada nuevo. Dos semanas ya y...

Su voz se entrecorta. No puede seguir. HÉCTOR le pone con cariño
la mano en el hombro.

HÉCTOR

Hemos pensado que quizá estaría bien recoger firmas.

OMAR *(Sin entusiasmo.)*

¿Para?

ALICIA

Para exigir que hagan más... Que sepan que no vamos a permitir que lo dejen tirado por segunda vez.

Se oye, como un estruendo, el coche derrapando a toda velocidad, arrollando la bicicleta de ADAM.

ALICIA

No dejo de verlo ahí, ¿sabes?
Solo.
Desangrándose.
Sin una mano que sostenga la suya.
Sin una mirada que le diga que no tenga miedo, que todo va a ir bien, que la ambulancia está de camino.
Eso es lo único en lo que sí han avanzado en la investigación.
Según la autopsia, pudo haberse salvado.
Si ese asesino se hubiese detenido.
Si hubiese llamado a urgencias.
Si no hubiese dejado a mi hijo ahogándose en su propia sangre.
Solo.
Él, que siempre estaba rodeado de sus amigos.
De la gente que quería y que lo quería.
Él, que era la alegría, y el mar, y el buen tiempo, y la música que ahora ha enmudecido para siempre en esta casa.
De eso no dice nada la autopsia. Pero que podía haberse salvado, sí.
Esa frase no deja de repetirse en mi cabeza, Omar.
Podía haberse salvado.
Y cuanto más me lo digo, con más intensidad siento que hay un Adam que ahora mismo está escribiendo algo en su cuarto, sí.
Un Adam que no podemos abrazar. Ni tú, Omar, ni nosotros.
Pero que sigue ahí. Soñando con ser el director que quería ser.
El director que habría sido si el asesino que lo mató se hubiese detenido.

HÉCTOR busca un documento y se lo enseña a OMAR.

HÉCTOR

¿Nos ayudaríais? Seguro que la gente de vuestra asociación también [se apunta].

OMAR *(Pesimista.)*

Ni siquiera somos todavía una asociación. Más bien, un proyecto de. Si eso...

ALICIA

Erais su otra familia. A veces, incluso más que esta...

OMAR

Se lo diré a Diana, claro, aunque [no creo que sirva].

HÉCTOR

Gracias.

OMAR hace ademán de ir a coger el papel.

HÉCTOR *(Buscando un bolígrafo.)*

Espera.

HÉCTOR firma el papel y después se lo pasa a ALICIA, que lo firma también.

HÉCTOR *(Dándole el documento.)*

Ahora sí.

OMAR coge el papel, lo dobla y se lo guarda. Se pone en pie para despedirse, pero duda un segundo. ALICIA y HÉCTOR se dan cuenta de que quiere pedirles algo. ADAM entra en escena y traza una línea en el suelo que va desde el banco donde ahora se encuentran hasta un punto en el centro del escenario donde HÉCTOR o ALICIA acaban de colocar una silla y un portátil. ADAM guarda la tiza, se sienta en la silla, coge el ordenador, lo abre y permanece inmóvil, con sus manos a punto de escribir algo en él. OMAR mira hacia ese pasillo que se acaba de dibujar ante ellos y hacia la silla que, si es posible, será iluminada por un foco cenital.

OMAR

¿Puedo?

ALICIA *(Asintiendo.)*

Está todo tal y como él lo dejó. Yo aún no he tenido fuerzas...

HÉCTOR *(A OMAR.)*

Tómate el tiempo que necesites.

OMAR

Gracias.

OMAR sigue la línea que simula el pasillo y se sienta en el suelo junto a ADAM. En ese momento, la luz cenital desaparece y es sustituida por otra luz mucho más cálida. A la vez que cambia la iluminación, ADAM comienza a teclear en su portátil.

9

ADAM teclea y revisa el texto que escribe. No se da cuenta de que OMAR está allí. Ni siquiera puede verlo. OMAR lo observa, consciente de que tampoco puede tocarlo.

OMAR *(Intentando ver lo que escribe en el ordenador.)*

¿Tiene título?
Seguro que no.
Era lo último que ponías, porque se te daban fatal...
Y al final, siempre era yo el que tenía que ayudarte a buscarlos.
Menos el último.
Ese guion tan secreto que no me dejaste leer.
¿Es eso lo que...?

(Se acerca a la pantalla, pero ADAM se gira impidiendo que OMAR lea lo que escribe.)

«Cuando esté acabado», decías.
«Cuando esté acabado».
Con los demás guiones no fue así.
Los demás me los dabas mientras los escribías.
«Se te da bien analizarlos», me insistías.
Y los títulos.
Sobre todo, los títulos.
¿Cómo se lo pusiste al último tú solo?
Ojalá yo no...

(Se corta, no se atreve a decir lo que está pensando.)

Me arrepiento tanto de lo de ese sábado.
Joder...
Si lo hubiera sabido.
Si supiéramos lo que va a pasar después...
Pero no podemos vivir como si todo se fuera a ir a la mierda en un segundo.

Y es justo así.

Todo se va a la mierda en un segundo.

Si lo pensáramos... Si nos lo recordásemos más...

(Sacude la cabeza en señal de negación, con fuerza.)

Enloqueceríamos.

Pero no es eso lo que te quería contar.

Lo que te quería decir es que hoy alguien dijo algo y me acordé de ti.

«Sería un buen título para un guion», pensé.

Con gancho.

Uno de esos títulos que buscabas para que alguna productora te diera la oportunidad que no te dieron.

Si te gusta el que me han dicho hoy, te lo regalo.

«El asesino de *riders*».

Es rollo *thriller* nórdico, ¿no?

O cine social francés de ese que tanto te gustaba.

A ti, porque a mí...

No te lo dije, claro, pero a mí esas pelis de dos horas a las que me arrastrabas y en las que nunca pasaba nada no me iban mucho...

Vamos, que no. Que a mí ese rollito cultureta no me molaba nada.

Venga, va: si lo quieres, es tuyo.

Seguro que haces algo interesante con ese título.

Aunque no estés.

Aunque no puedas escribirlo.

Aunque sepa que jamás podré pedirte que me dejes leerlo.

No importa, Adam: es tuyo.

OMAR se acerca a ADAM, pero, al tratar de abrazarlo, él se levanta y desaparece. Solo queda el portátil. OMAR lo cierra con delicadeza, lo acaricia, lo abraza contra su pecho y, sin reprimirse, rompe a llorar. La luz desaparece lentamente y se ilumina solo el banco del lateral izquierdo, donde se reúne la asociación que, de momento, sigue sin tener nombre.

10

En el parque donde se reúnen habitualmente, DIANA, MELANIE, VÍCTOR, FRAN, NELLY *y* CANDELA *están juntando las hojas con las firmas que han conseguido.*

DIANA

Ha firmado todo el barrio.

VÍCTOR

¿Y ahora qué?

MELANIE

Se lo damos a sus padres.

VÍCTOR

¿Para?

MELANIE

¿Cómo que «para»? Pues para que Alicia y Héctor vayan a la policía y se lo entreguen.

VÍCTOR

¿Y luego?

MELANIE

No sé, Víctor, no tengo ni idea...

FRAN *(Alzando los papeles.)*

Con esto no vale, Melanie. Con sellar veinte, treinta, cincuenta folios no vale. ¿O vosotras os imagináis a la gente en Stonewall recopilando autógrafos?

VÍCTOR

¿A quiénes?

FRAN *(Sin dar crédito.)*

No fastidies.

DIANA

De verdad, a mí estas sobredosis de ignorancia me las tenéis que avisar antes, que me ponen muy mala.

FRAN

Stonewall, tío, la revolución con la que empezó el movimiento LGTBIQ+ en el 69.

VÍCTOR pone cara de póker.

FRAN

¿Por qué te crees que el Orgullo es el 28 de junio? ¿Para que coincida con las vacaciones? Se celebra justo ese día porque fue cuando se lio pardísima en Nueva York después de una redada en un local *queer*.

VÍCTOR

A ver, que no hace falta que os vengáis tan arriba, que yo no había nacido.

DIANA *(Irónica.)*

Ah, vale, que nosotras sí...

FRAN

Es historia, tío.

VÍCTOR

Pues se ve que esa clase me la salté.

NELLY

O no nos la contaron...

MELANIE *(Con ironía, reclamando su atención.)*

Y ahora que hemos terminado con el momento Wikipedia, ¿qué hacemos con las firmas?

NELLY

Puede ser una forma de presionar para que aceleren la investigación.

FRAN

Han pasado dos semanas. ¿Y qué sabemos? Nada.
Lo único que sabemos es que la poli ha dado el caso por perdido.
En cuanto la prensa se largó del barrio, ellos pasaron de nosotres.

CANDELA

Pues ya está, ¿no?

OMAR entra y saluda con un gesto general a todos.

OMAR

¿Ya está el qué?

DIANA *(Con cariño.)*

¿Cómo vas?

OMAR se encoge de hombros.

VÍCTOR *(Entregándole a OMAR las hojas de firmas.)*

Dáselas a sus padres en nuestro nombre.

CANDELA

Necesitamos que la prensa vuelva.
O les damos caña o aquí nadie va a mover el culo.

VÍCTOR

Pues a ver cómo...

OMAR *(Ojeando las firmas.)*

¿Las habéis contado?

MELANIE

Casi mil.

OMAR

Ningún periodista nos va a dar un titular por un «casi mil».

DIANA

Ni aunque fueran un millón. Todos los días se recogen firmas para algo. Por favor, pero si entro más en Change.org que en TikTok.
Necesitamos algo más... Algo que haga que los medios grandes vengan.

FRAN *(A DIANA, con complicidad.)*

Stonewall was a riot.

DIANA *(Repitiendo sus palabras, dándose cuenta de que es justo lo que estaba buscando.)*

Stonewall was a riot.

Los focos iluminan a ADAM, que está sentado en la silla de la escena anterior, sonríe y repite la misma frase mientras la teclea en su ordenador.

ADAM

Stonewall was a riot.

Los focos parpadean y ADAM y DIANA se miran con complicidad. Él le hace un gesto para que se acerque, y ella, con el taco de hojas en la mano, se aproxima mientras cambia la iluminación y pasamos del exterior al interior del cuarto de ADAM.

11

En el cuarto de ADAM. *El taco de hojas que lleva* DIANA *ahora es el original del guion de* ADAM.

ADAM *(Señalando las hojas.)*

Bueno, ¿qué? ¿Te ha gustado mi texto?

DIANA

In love con tu Venus.

ADAM

Lo imaginaba.

DIANA

Que, además de hacerla parecida a mí, le hayas puesto también nombre de diosa es un puntazo.

ADAM

No mereces menos.

DIANA

Mira que eres pelota.

ADAM

Un poco.

Los dos se ríen.

ADAM

¿Y lo demás?

DIANA suspira y, para ganar tiempo, ojea de nuevo los folios.

ADAM

¿No te irás a cortar conmigo ahora?

DIANA

¿Desde cuándo me corto yo en algo, bonito?

ADAM

¿Entonces?

DIANA

No te va a gustar.

ADAM

Suéltalo.

DIANA *(Reticente.)*

Cuando no te mola una opinión, te lo tomas fatal.

ADAM

Eso son *fake news*. Las críticas las encajo fenomenal.

DIANA

Sorry???

ADAM

Diana, ahora sí que tienes que hablar. La duda es mucho peor que cualquier cosa que me puedas decir.

DIANA

Tu guion es muy bueno...

ADAM

Esa frase va con un pero al final, ¿verdad?

DIANA

Yo le veo dos problemas.

ADAM

El primero...

DIANA

Pues que no es comercial. Nadie te va a producir esto.

ADAM

Melanie insiste en que puedo pedir la subvención...

DIANA

Ya.

ADAM

Ahora viene otro pero, ¿verdad?

DIANA

He mirado las bases. Y dan un montón de puntos por experiencia y por formación, y por otras mil cosas que tú no tienes porque, básicamente, aquí no nos las podemos pagar, que es justo de lo que habla tu guion... Y ya te digo yo que restregarles que el cine sigue siendo un curro de pijos no les va a enamorar, porque los pijos nunca asumen que lo son ni, mucho menos, que tengan privilegios, y tu guion no lo van a entender, porque para entenderlo hay que ser de aquí, o de otro barrio como este... ¿Y sabes qué pasa? Que, cuando ellos piensan en barrios así, piensan en gente triste, en gente triste y en habitaciones donde siempre hay una bombilla colgando de un cable que parpadea y que se apaga en la primera o en la segunda escena. Pero tu guion habla de otra cosa. Habla de que sí, que toda esa mierda es real, pero que además de bombillas birriosas, también hay vida, y horizontes y risas y sexo, y ganas de plantar cara, y a esa gente ese rollo no les gusta, porque si no nos pueden mirar en plan paternalista, no les interesamos, ¿me sigues?

ADAM

Más o menos... ¿Y lo segundo?

DIANA

¿Qué segundo?

ADAM

Has dicho que le veías dos problemas, ¿no? El primero es que, según tú, el cine es solo para pijos y *nepo babies*. Vamos, que estoy tirando mi vida a la basura. ¿Y el segundo?

DIANA

El segundo lo sabes mucho mejor que yo.

ADAM

¿Tú también vas a empezar con eso?

DIANA

Melanie te ha dicho lo mismo, ¿a que sí?

ADAM

¡Que es ficción!

DIANA

Una parte, puede; pero tu historia con Omar, no.

ADAM

Paso.

DIANA

Me has pedido sinceridad, ¿no?

ADAM

Sí, pero no sé si quería tanta...

DIANA

Solo te digo los problemas que le veo. Pero me gusta, ¿eh? Sobre todo, el monólogo de Venus. ·

ADAM

¿Cuál? Porque tiene varios.

DIANA

Sí, la haces hablar mucho sola.

ADAM no puede reprimir una sonrisa. Y DIANA sonríe también mientras busca entre sus folios.

DIANA *(Leyendo el monólogo al que se refería antes.)*
«Di mi nombre.
Mírame y pronúnciame despacio.
Con todas mis letras.
Mastica cada sílaba.
Cada sonido.
Detente después de decirlo una vez.
Y repítelo.
Hazme presente.
Hazme real.
Haz que sienta que estoy aquí.
Que puedes verme.
Que no soy una sombra.
Que no soy niebla.
Que hay una luz que también va a ser mía.
Una luz que también a mí me pertenece».

ADAM

Estuve a punto de tacharlo entero.

DIANA

¿En serio?

ADAM

Es que no tengo nada claro cómo rodar esa secuencia.
En el papel mola, pero en pantalla...

DIANA

Si te dan la subvención, ya lo pensarás.

ADAM

¿No se suponía que no iban a dármela?

DIANA

No me hagas caso, que últimamente tampoco soy yo la reina del optimismo. Tú preséntalo. A ver si te pasa como a Venus y sí dicen tu nombre.

Los dos sonríen. DIANA le hace un gesto de adiós con la mano y se marcha. La habitación de ADAM, que sale de escena, queda a oscuras y se ilumina el banco del lateral izquierdo.

12

DIANA, sentada en el banco con las hojas de firmas, se ve rodeada enseguida por FRAN, NELLY, CANDELA y VÍCTOR.

NELLY *(Impaciente.)*

¿Y?

DIANA *(Imitando el tono del policía que la ha atendido.)*

«Lo tendremos en cuenta».

FRAN

Ya, seguro.

VÍCTOR

Tío, pero ¿qué querías que hicieran? ¿Que, nada más entregarle las hojas, nos presentaran al culpable por arte de magia? Ni que las firmas fueran un conjuro, colega.

FRAN

No estoy diciendo eso...

CANDELA

Tengo esta copia. ¿Y si se las mandamos a la prensa?

NELLY

La prensa se va a descojonar en nuestra cara.

DIANA

Lo peor es que no sé cómo voy a contárselo a los padres de Adam.

CANDELA

Vamos. No sabes cómo vamos a contárselo.

DIANA le sonríe, agradeciendo que no la dejen sola en esto.

FRAN

Os lo dije... Me jode tener que echároslo en cara. Pero os lo dije. Si queremos que nos tomen en serio, hay que hacer algo más.

NELLY

Yo estoy con Fran. Lo que hagamos en redes se la suda. Vídeos, dibujitos, *tiktoks* curradísimos... Da igual. Todo da igual.

CANDELA

Protestar en redes importa. Si no, el discurso sería solo de otros y nunca nuestro.

FRAN

Que sí, Candela, pero con poner cuatro *hashtags* y tres *copies* larguísimos, que ya te digo yo que no lee nadie, tampoco basta. Es como si estuviéramos todo el rato apretando los puñitos muy fuerte.

CANDELA

Estupendo. Entonces nos olvidamos de informar. Y de tejer redes de apoyo. Y de crear lugares seguros. Pasamos de todo eso que se puede hacer escribiendo, Fran, porque lo que tenemos es que liarnos a quemar contenedores, que es utilísimo.

FRAN

¿Quién ha hablado aquí de quemar nada?

VÍCTOR

¿Y qué propones? ¿Asaltamos la comisaría para liarnos a tortas?

FRAN

No he dicho eso.

CANDELA

Pues propón algo, entonces. Es muy fácil decir que lo que hacemos no vale para nada.

VÍCTOR

Tiene que haber otra manera. Alguna que no acabe con una colección de multas, por ejemplo.

DIANA

Quizá ese es el problema.

Los demás la miran esperando a que se explique.

DIANA

Estamos esperando a que nos den permiso. Y eso no va así. Para una revolución, no se pide permiso. Nunca.

VÍCTOR

¿Una revolución? En serio, menuda ida de olla.

FRAN

¿No os dais cuenta? Tenemos que hacer algo que les joda. Punto. Si no les tocamos las narices, van a seguir pasando.

VÍCTOR

¿Pero a quiénes?

NELLY

¿Cómo que a quiénes?

VÍCTOR

Sí, Nelly, a quiénes. Porque aquí estamos hablando de un «ellos» que no tengo ni idea de a quiénes incluye. Lo único que sé es que han atropellado a un amigo mío y que quiero que pillen al que lo ha hecho. Pero de ahí a montarnos la toma de la Bastilla, pues no sé.

FRAN *(Sarcástico.)*

Vaya, en esa clase sí que estuviste.

DIANA

«Ellos» son los que creen que tu amigo es solo un número. Que total, qué más da quién lo hiciera. Por ejemplo.

CANDELA

Ah, vale, que ahora vamos a meternos con la poli. Genial. Justo lo que más va a ayudar a que investiguen qué le pasó a Adam.

DIANA

No estoy hablando de meternos con nadie. Estoy diciendo que tenemos que llamar la atención de tanta gente como podamos para que nos hagan caso. La poli, los medios, cualquiera que tenga poder para hacer algo. Que se enteren de que esto importa. Que nuestro amigo tenía nombre. Y vida. Una vida que ya no va a ser por culpa de un asesino que lo dejó tirado.

VÍCTOR

Yo paso de hacer nada ilegal.

FRAN

Que algo sea legal no quiere decir que sea justo.

DIANA

Tampoco hace falta ir tan lejos. Basta con pensar en algo que no se esperen.

FRAN

¿Os creéis que los derechos se han conquistado alguna vez en toda la *fucking* historia pidiéndolos por favor?

VÍCTOR

Pues nada, voy encargando un par de guillotinas.

CANDELA

Esto no va de un ellos y de un nosotros. Va de todos. De conseguir que se den cuenta de que estamos en el mismo bando.

FRAN

¿Y ese bando cuál es?

VÍCTOR

El de Adam. El de la gente que solo quiere tener una vida digna, y unos sueños, y un nombre... Y no les dejan.

CANDELA

Yo estoy con Víctor.

Todos se quedan en silencio, pensando en una acción que les contente de igual manera. Por fin, DIANA se anima a intervenir.

DIANA *(Señalando al centro del escenario.)*

¿Y si nos colamos ahí? Ese edificio lleva meses vacío.

NELLY

Porque lo van a demoler.

DIANA

¿Cuándo?

NELLY

En tres días. Creo que van a hacer un centro comercial.

DIANA

Es perfecto.

VÍCTOR

¿Perfecto para qué?

DIANA

Para okuparlo.

VÍCTOR

¿Okuparlo? ¿Nos hemos vuelto locos?

NELLY

¿Quieres no ser siempre tan cobarde?

VÍCTOR

¿Y tú quieres ser un poco más realista?

DIANA

Este plan es realista. No os estoy hablando de quedarnos a vivir. Solo de meternos ahí y obligarles a parar esa demolición, aunque solo sea por unas horas. No pueden hacer nada mientras nosotros estemos dentro, ¿no lo veis?

VÍCTOR

Veo que nos van a sacar a la fuerza igual.

DIANA

Pero si lográsemos llamar la atención de más gente, tendríamos foco. De eso se trata, ¿no? De tener foco.

VÍCTOR ladea la cabeza con escepticismo.

FRAN *(Con complicidad.)*
Nuestro Stonewall.

DIANA *(Bromeando.)*
Sí, pero sin tirar ladrillos.

CANDELA

¿Y ese edificio qué tiene que ver con Adam?

DIANA *(Con tristeza, recordando.)*
Todo.

ADAM aparece por un lateral, con su móvil en la mano, grabando un audio para ella. La iluminación se centra solo en él, marcando el salto al pasado.

ADAM

Ya, tía, lo sé... Pero es que no me da la vida. Por eso no me pasé por la reu... Por cierto, que a ver si encontramos un local, porque lo de reunirnos en el parque es chungo cuando le da por llover... Pero eso, que esta semana sí que me paso; es que, con el curro y las clases y eso de intentar ser persona, no me queda ni un hueco...

ADAM le da a enviar.

En ese momento, un foco ilumina a DIANA, que se queda mirándolo y lo despide con un gesto. Después, ADAM sale de escena, la luz vuelve a ser general y se retoma la conversación en el presente.

DIANA

Ese bloque, igual que la mitad de edificios del barrio, lo vaciaron a base de subir los alquileres para que se largaran los vecinos que quedaban y convertirlo en algo más rentable. Los mismos que quieren quedarse también con el edificio de la familia de Adam para convertirlo en un montón de pisos turísticos. Por eso tuvo que coger ese trabajo de mierda.

VÍCTOR

Nos podemos meter en un lío.

FRAN

Ha muerto uno de les nuestres, Víctor. ¿No te parece suficiente motivo para meternos en un lío?

DIANA

¿Entonces?

VÍCTOR

Si hay la más mínima violencia, yo me largo.

CANDELA

Y yo.

FRAN

La violencia es dejar a la gente sin casas.

NELLY

O tirada en la calle después de un atropello.

FRAN

Nosotres solo vamos a denunciarlo.

DIANA *(Persuasiva, a CANDELA y a VÍCTOR.)*

Nadie va a tener que hacer nada que no quiera. Os lo aseguro.

VÍCTOR y CANDELA se miran, dudan y, al final, asienten.

CANDELA *(Tecleando en su móvil.)*

Yo aviso al resto.

13

Las luces parpadean, el grupo de la escena anterior queda a oscuras y saltamos al pasado. Solo queda iluminado el banco del lateral derecho, que ahora se encuentra de lado y está cubierto por una colcha de cuadros. Es la cama en el cuarto de OMAR*. Este se encuentra allí junto a* ADAM*, que intenta abrazarlo por la espalda.* OMAR *se zafa incómodo.*

OMAR

Adam, tío, aquí no.

ADAM *(Juguetón.)*

Si no estoy haciendo nada...

OMAR

Mis padres pueden llegar en cualquier momento.

ADAM

¿Tú estás seguro de que no lo saben?

OMAR

Mientras yo no se lo haya contado, es lo mismo que si no lo supieran.

ADAM

¿Y va a ser siempre así?

OMAR se encoge de hombros.

ADAM

Yo no podría. No sé. No me imagino inventándome que soy otra persona delante de mi familia. Y toda la vida así... Qué va, no lo veo.

OMAR

Bueno, porque tu padre no es el mío. Ni en tu casa te han dicho que te vas a ir al infierno por ser como eres.

ADAM

A ti tampoco te lo han dicho.

OMAR

Directamente, no. Pero que es *haram* y que los que son «así» se van al infierno se lo he oído a mi padre un millón de veces... Desde que... Pfff... ¿A ti también te duelen cosas superpequeñas que pasaron hace un millón de años?

ADAM

¿Cosas como qué?

OMAR

Tenía seis o siete años. Creo. Y entramos en un bazar para comprar lápices y cuadernos para el cole. Y yo cogí uno rosa. Un bolígrafo rosa. Mis padres no se dieron cuenta y, cuando llegamos a la caja y lo puse en el mostrador, mi padre me miró abochornado. «No me avergüences», dijo. Cogió el bolígrafo con rabia y lo puso otra vez en su sitio. «No me avergüences: no voy a permitir que seas una desgracia para esta familia». Eso me lo repitió mil veces luego en casa. Y desde entonces, el tema del infierno se hizo habitual.

ADAM

¿Por qué no hablas con tu madre? Ella es distinta...

OMAR

No lo entiendo.

ADAM

¿El qué?

OMAR

Tu obsesión con mi familia. ¿Qué más te da que se lo diga o no?

ADAM

No quiero vivir escondido, Omar.

OMAR

No te pido que lo hagas. Cuando nos vayamos del barrio...

ADAM *(Escéptico.)*

Cuando nos vayamos...

OMAR

Nos iremos.

ADAM

O nos echarán... Pero ni siquiera así nos iremos: estaremos en el mismo barrio. Aunque sea otro.

OMAR

Nuestra vida no va a ser siempre esto.

ADAM

¿Ah, no?

OMAR

Hombre, los directores de cine ganáis una pasta...

ADAM

No seas bobo.

OMAR

Vas a lograrlo, Adam. Yo lo sé. Melanie lo sabe. Diana lo sabe. Nelly lo sabe. Tus padres lo saben... Todos lo sabemos. Menos tú.

ADAM

Entonces depende solo de eso, ¿no?

OMAR

¿De qué?

ADAM

De las matemáticas. De si salen las cuentas. Y de si valemos más o si valemos menos según lo que nos paguen. Porque no somos más que eso: una mercancía.

OMAR

¿Se puede saber por qué estás hoy tan negativo?

ADAM

No llegamos, tío. Ni con la mierda que me dan repartiendo comida sumamos en casa lo que nos piden los cabrones esos por el alquiler... En tres meses, o cuatro máximo, estamos en la calle.

OMAR

Eso no va a pasar.

ADAM

¿Y por qué no?

OMAR

Porque no vamos a dejar que pase.

OMAR lo abraza. ADAM se deja abrazar, necesita ese apoyo y, por un momento, mostrarse tan vulnerable como se siente.

ADAM

Me gustaría no odiarlo, ¿sabes? Me gustaría no odiar este barrio. Pero lo odio. Lo odio con todas mis fuerzas, porque lo único que me recuerda es lo que no voy a llegar a ser. Y entonces me imagino la vida en otra parte.

OMAR

¿Conmigo?

ADAM

Contigo, claro. Pero da igual el dónde. Porque el barrio siempre acaba siendo el mismo. Como si hubiera una frontera invisible. Un muro que está ahí, esperándonos, y que es imposible saltar. O derribar. Aunque empujemos. Aunque nos dejemos la piel dándonos contra él. Y cada vez que cae, se levanta otra vez. Sobre nosotros.

Suena una llave. Alguien está entrando en casa. OMAR *se separa de* ADAM *y este, decepcionado por su reacción, sale de escena.* OMAR *se queda solo y abatido.*

Un breve parpadeo de focos nos indica que volvemos al presente. OMAR *oye cómo llaman a la puerta de su cuarto, pero no responde.*

14

AISHA, la madre de OMAR, entra en su habitación de manera discreta, sin querer ser invasiva, pero con expresión preocupada.

AISHA

¿No vienes a cenar?

OMAR niega con la cabeza sin apenas mirarla.

AISHA

¿Seguro?

OMAR

He picado algo por ahí.

AISHA hace ademán de irse, pero se detiene antes.

AISHA

¿Se sabe algo más?

OMAR la mira interrogante, esperando a que le aclare a qué se refiere.

AISHA

Sobre ese amigo tuyo...

OMAR

Adam.

AISHA

¿Se ha sabido algo más?

OMAR

Se ha corrido la voz de que había testigos, pero lo más seguro es que sea un bulo.

AISHA

Espero que detengan a quien lo hiciera.

OMAR

Ya...

AISHA duda un segundo, pero decide sentarse en la cama, junto a su hijo.

AISHA *(Acariciándole y retirándole el flequillo, como cuando era un crío.)*
¿Y tú cómo estás, hijo?

Suena el móvil de OMAR. Lo apaga sin mirar.

OMAR

Bien.

AISHA

Erais buenos amigos.

OMAR asiente.

AISHA

Es normal que estés triste.

OMAR

No estoy triste.

AISHA

Bueno, pero sería normal.

OMAR

Quiero estarlo, pero no me sale. Me sale estar enfadado. Y tener ganas de prenderle fuego a todo. Eso me sale. Pero estar
triste, no. Porque no sé qué hacer con toda esta rabia... No sé
qué tengo que hacer con ella.

OMAR se rompe y su madre lo abraza.

AISHA

Yo tampoco, Omar. Yo tampoco.

OMAR se obliga a sí mismo a reponerse y se pone en pie.

OMAR

Necesito que me dé un poco el aire.

*OMAR sale y su madre lo mira preocupada mientras sigue sentada
en su habitación.*

15

OMAR camina al encuentro de MELANIE, que se halla en el centro del escenario. En el banco de la izquierda, que vuelve a ser parque, DIANA, VÍCTOR, FRAN, NELLY y CANDELA grafitean telas con el lema «Cuánto vale una vida» seguido del hashtag #JusticiaParaAdam. OMAR llega, por fin, al lugar donde lo espera MELANIE, y ambos caminan hacia el banco de la derecha, a casa de ADAM, que vuelve a tener el banco colocado de frente.

OMAR

¿Te han dicho por qué quieren vernos?

MELANIE

Solo que habían intentado llamarte y no se lo habías cogido.

OMAR

Estaba con mi madre...

MELANIE llama al timbre. Enseguida les abre ALICIA. Entran los dos en su casa, donde también los espera HÉCTOR. Sus palabras se cruzan con las del grupo que está preparando la acción colectiva. En la puesta en escena, cada compañía decidirá cómo se suceden las réplicas y en qué orden se intercalarán. En cualquier caso, las acciones seguirán siendo simultáneas.

VÍCTOR *(A CANDELA, que no deja de grabar.)*	ALICIA
¿Qué haces?	Tranquilos, no os vamos a robar mucho tiempo.
CANDELA	HÉCTOR
Preparar material para unos cuantos *stories*.	Solo queríamos daros esto.

VÍCTOR

Mejor nos ayudas con las pancartas, ¿no?

CANDELA

Y si no las subimos a redes, ¿quién las va a ver?

NELLY

¿De Omar y Melanie alguien sabe algo?

VÍCTOR

Seguro que se apuntan.

NELLY

¿Alguien los ha visto? Ya deberían estar aquí.

DIANA

Me ha avisado Mel. Tenían algo con los padres de Adam.

FRAN

Necesitamos ser muches hoy.

CANDELA

En cuanto le demos caña en redes, seguro que se suma más gente.

FRAN

O no, que la gente se cree que con un retuit ya ha hecho mogollón.

Los dos señalan un portátil que MELANIE y OMAR reconocen enseguida.

HÉCTOR

No sabemos a quién, la verdad.

ALICIA *(Sonriendo con tristeza.)*

Os quería mucho a ambos. A cada uno a su manera, claro, pero le habría enfadado que nos decantásemos directamente por el amor romántico... Ya sabéis cómo se ponía cuando salía el tema.

HÉCTOR *(Sonriendo al recordar.)*

¿Recuerdas la última? Menudo discurso nos soltó...

MELANIE *(Mirando a OMAR.)*

Yo creo que esto debería ser [para ti].

OMAR *(Anticipándose.)*

Para los dos.

HÉCTOR

Estaba escribiendo algo nuevo...

MELANIE

Un guion.

HÉCTOR *(A ALICIA.)*

¿Lo ves? A ellos sí les contaba.

CANDELA

Pues a lo mejor sí, Fran. A lo mejor hacer un retuit o poner algo en redes también es hacer algo.

VÍCTOR

Cada cual tiene sus circunstancias, ¿no? Y todo suma.

CANDELA choca las manos con él.

VÍCTOR

Y cuando venga la poli, ¿qué?

Todos se encogen de hombros, sin respuesta.

VÍCTOR *(Con sarcasmo.)*

Pues sí, esto pinta genial.

MELANIE

¿A vosotros no?

ALICIA

Solo cuando los había terminado. Pero le agobiaba que le preguntáramos.

HÉCTOR

Nunca fue un niño fácil...

ALICIA

Le gustaría que fuera vuestro.

OMAR *(Metiendo el ordenador en su mochila.)*

Gracias.

Salen OMAR y MELANIE.

16

*DIANA, junto a su grupo –FRAN, NELLY, VÍCTOR, CANDELA, MELA-
NIE y OMAR–, coordina la acción. Van hasta el centro del escenario
y allí, cargados con mochilas llenas de bebida y comida, dibujan
con sus tizas puertas y ventanas en un panel que simula el edificio
que van a okupar y donde se lee un aviso de demolición inminente.
Cada vez que hacen un dibujo, escuchamos el sonido de una puerta
que se abre o de una ventana que se rompe. Actúan con decisión
y rapidez, sin decir una sola palabra. La única que hace algo diferente al resto es CANDELA, que no deja de grabar todas sus acciones con el móvil.*

*Una vez que logran entrar, extienden una de las telas que han
diseñado a modo de gigantes pancartas sobre el panel. En ella se
lee: «¿Cuánto vale una vida?», en letras gigantes; y en cuerpo algo
menor: «#JusticiaParaAdam».*

*Tras hacerlo, liberan la tensión gritando y abrazándose. Solo OMAR
y MELANIE, que se han sentado en un rincón, permanecen ajenos
a esa euforia. OMAR abraza con fuerza su mochila.*

CANDELA *(Llamando a OMAR y MELANIE.)*

¿Venís?

MELANIE *(Arrastrando a OMAR.)*

Claro.

CANDELA *(Disponiendo la cámara del móvil para que los grabe.)*

Nada de enrollarse, ¿eh? Que si dura más de un minuto, se vi-
raliza peor.

VÍCTOR

Lo mejor es que hable Diana.

DIANA

Víctor, tío, tenemos que hablar todos. Se tiene que notar que no somos cuatro aburridos que quieren llamar la atención. Somos un barrio, joder. Un barrio que está harto.

VÍCTOR

No tengo mucha fe en mi dialéctica.

NELLY *(Animándolo.)*

Pues solo esa frase ya es superior a la media.

CANDELA

Si queréis, escribimos un guion antes.

FRAN

Necesitamos algo más espontáneo. Un guion va a sonar *fake*.

OMAR

Además, nos falta el único que los escribía bien.

MELANIE

Venga, va, empiezo yo.

CANDELA

Dale.

Le da a grabar. El grupo está muy junto, mirando a cámara.

MELANIE

Somos un barrio. *(Se corrige.)* Bueno, éramos.

Mira a DIANA *para que continúe. En adelante, cada personaje mirará al que quiere que siga su discurso, como si fuera una cadena.*

DIANA

Pero decidieron que nuestras vidas costaban demasiado.

Mira a FRAN.

FRAN

Vamos, que no rentan.

Mira a NELLY.

NELLY

Pero echarnos sí. Y subir los alquileres o presionar para comprar los pocos pisos que todavía son barrio, también.

Mira a CANDELA.

CANDELA

Así que ahora somos un barrio plueriempleado en trabajos de mierda. Un barrio de esos donde no va bien la salud mental, porque la salud mental también tiene que ver con tener tiempo libre, y un sueldo digno, y un lugar donde, al menos, haya una ventana.

Mira a VÍCTOR.

VÍCTOR

Pero las ventanas se te cierran en la cara cuando te hacen sentir que no vales, que no sirves, que ni siquiera existes. Las ventanas se vuelven muros cuando sientes que no tienes derecho a mirar a través de ellas.

Mira a OMAR.

OMAR

Y cada vez que levantan un muro, derriban una vida. Aunque nadie se entere. Una vida que intentaba abrir esas ventanas y que es arrollada. Una vida que debería importar, como la de Adam. Porque Adam era una vida que estaba sucediendo. Una vida con sueños, con miedos, con deseos. Una vida que se quedó tirada en un cruce porque alguien lo arrolló y, en vez de parar y prestarle ayuda, siguió conduciendo. Y no nos vamos a mover de aquí hasta que alguien nos diga que vio algo. Hasta que Adam no deje de ser un caso sin resolver en una pila inmensa de denuncias. Hasta que las ventanas vuelvan a ser ventanas.

CANDELA corre a parar el vídeo.

CANDELA

Un minuto cuarenta y seis segundos. Pero sirve.

Lo sube a sus redes.

VÍCTOR

¿Y ahora?

DIANA

Ahora... A esperar.

Se acomodan para pasar la noche. OMAR se aparta del resto y saca el portátil de ADAM de su mochila. Lo abre y lo enciende, pero una voz que reconoce enseguida lo interrumpe.

17

ADAM entra en escena, se sitúa junto a OMAR y coge el portátil. El resto de la escena se oscurece y solo ellos dos quedan iluminados.

OMAR *(Mimoso, con voz de crío.)*
Por favor...

ADAM
Omar...

OMAR *(Acercándose a él y tratando de cogerle el portátil.)*
Qué más te da... Si antes o después lo voy a terminar leyendo.

ADAM
¿Y no prefieres que hagamos algo más divertido?

Comienza a besarlo y a acariciarlo. Pero OMAR no deja de intentar hacerse con su portátil.

OMAR
Podemos hacer las dos cosas... Yo soy muy multitarea...

ADAM *(Tirándose encima de él y besándole el cuello.)*
Mucho...

OMAR
Aunque sea solo el principio...

ADAM *(Molesto por su insistencia, se detiene en seco.)*
¿En serio tiene que ser ahora?

OMAR

Melanie ya la ha leído. Y Diana.

ADAM

Necesitaba su opinión.

OMAR

¿Y no quieres la mía?

ADAM

Siempre dices que lo de la escritura no es lo tuyo. La última vez que te pasé algo, tardaste tres meses en leerlo.

OMAR

Porque era muy denso.

ADAM

Perdona, pero no. Era un relato crítico y lleno de matices sobre la identidad.

OMAR *(Riéndose.)*

Pues eso, muy denso. Además, el título te lo di yo. Como casi todos.

ADAM

¿Pero por qué estás tan pesado con leer esto?

OMAR

Mel y Diana me han dicho [que va de nosotros].

ADAM

No es verdad.

OMAR

¿Ah, no?

ADAM

Exageran.

OMAR

¿Y por eso no quieres que lo lea?

ADAM

No es que no quiera que lo leas.

OMAR *(Torciendo el gesto, ahora es él quien empieza a mostrarse frío y distante.)*

Ya.

ADAM

Si te vas a poner así, te lo doy y punto.

OMAR

Ah, claro, ahora soy yo el que se pone así.

ADAM

Es ficción, ¿vale? Pero me da miedo que tú creas que no.

OMAR

¿Y por qué te da miedo exactamente? ¿Soy tan cortito que no las distingo?

ADAM

No vayas por ahí, Omar. Sabes que no es eso.

OMAR

¿Pues qué es?

ADAM *(Explotando.)*

Pues que a lo mejor sí. A lo mejor Diana y Melanie tienen razón y, mientras escribía eso, estaba sacando todo lo que ya no sé cómo encerrar aquí dentro porque me asfixia. Y porque me duele. Y porque me agobia pensar que no va a cambiar nunca. Así que a lo mejor sí. A lo mejor me acojona que lo leas porque el Íker de mi obra se parece un poco demasiado a mí y está igual de harto que yo de esconderse en ciertas calles, y en ciertos espacios, y en redes, porque su novio no quiere contárselo a su familia, aunque todo el mundo lo intuya, aunque la gente lo sepa y hable, porque la gente habla, pero él piensa que no, y no quiere ni hacerlo ni hablarlo, por mucho que Íker le insista, porque Íker está tan cansado como yo de reprimirse cuando le quiere dar un pico en la calle, o cuando quiere ir a verlo a su casa, o cuando quiere llamarlo para decirle que lo quiere, o que lo extraña, o que le molaría verlo para echar un polvo.

OMAR *(Intentando reprimir la rabia que le provoca lo que acaba de escuchar.)*

¿Y cómo se llama el novio de Íker?

ADAM

Cristian.

OMAR

Vaya, qué detalle. Por lo menos le has cambiado la religión. Qué sutileza.

ADAM

Es que lo que le pasa a Íker y a Cristian no tiene que ver con la religión. Ni con la fe. Tiene que ver con la intolerancia y con el radicalismo y con la gente que se cree que puede decidir entre maneras de ser correctas e incorrectas. Son cosas muy diferentes.

OMAR

Y son historias diferentes también. Porque seguro que Cristian no se siente presionado por Íker para hablar con su familia aunque Íker sepa que no está preparado, porque teme que, si lo hace, será su madre la que tendrá que cargar con la culpa, y con los reproches, y con lo que pueda pasar en una casa donde ha oído decir a su padre que tener un hijo pervertido es lo peor que le podría pasar, porque seguramente el padre de Cristian jamás haya dicho que preferiría un hijo muerto a un hijo maricón, ni lo haya repetido mientras Cristian, siendo niño, veía algún programa en la tele y cantaba alguna canción de esas que no cantan los niños, porque si la cantan los niños, se quita la televisión, se les manda a su cuarto y hasta se les da una bofetada si el niño se atreve a protestar. Pero fijo que en tu historia Íker tiene razón, porque Íker es demasiado paciente, y demasiado comprensivo, y demasiado guay, mientras que Cristian es un cobarde, un niñato, un egoísta que se piensa que porque su infancia haya sido una mierda tiene derecho a que su novio, en vez de juzgarlo, lo cuide.

ADAM

No es justo.

OMAR

¿Y que escribas sobre nosotros sí lo es?

ADAM

No es justo que opines de algo que no has leído.

OMAR

¿Y cómo cojones quieres que lo lea si tú no me dejas?

Los dos se miran, dolidos y agotados de la discusión.

ADAM

Mejor me voy. Y cuando te calmes, hablamos.

OMAR

No.

ADAM

¿No qué?

OMAR

Cuando me calme, no.
Cuando tú estés dispuesto a entenderme.

ADAM sacude la cabeza en señal de desacuerdo y, muy enfadado, sale de allí dejando el portátil. OMAR golpea el ordenador con el puño, cargado de rabia.

18

El ruido de la gente que ha empezado a rodear el edificio saca a
OMAR *de su ensimismamiento y lo trae de nuevo al presente. Cam-*
bia la iluminación, que llena el escenario. Se oyen voces que gritan
y corean el hashtag *que han creado.*

VOCES

¡Justicia para Adam! ¡Justicia para Adam! ¡Justicia para Adam!

NELLY *(Mirando por una de las ventanas.)*

¿Lo estáis viendo?

Todos se asoman.

DIANA

Ha venido todo el barrio.

MELANIE

Y no solo. Ahí hay mucha gente que no conozco.
(A CANDELA.*)* Buen trabajo, tía.

CANDELA

Gracias, Mel, pero el curro es de todos.

FRAN

Ahora toca aguantar.

NELLY

Por lo menos, hasta que venga algún medio grande.

Se oye cómo se acercan las sirenas de la policía.

VÍCTOR

Mierda.

CANDELA

¿Y ahora qué hacemos?

FRAN

Ahora nadie se mueve de aquí, ¿estamos?

CANDELA *(Mostrándoles su móvil.)*

Mirad...

DIANA

¿El qué?

CANDELA *(Mostrándoles un vídeo en su móvil.)*

Que lo hemos conseguido.

VOZ DE PERIODISTA TELEVISIVO

... la protesta, que ha comenzado con la okupación de un edificio por un grupo de jóvenes, pronto ha derivado en una concentración masiva a la que, según nos informa nuestra reportera en la zona, no deja de sumarse gente tanto del barrio como de otros puntos de la ciudad...

CANDELA *(Orgullosa.)*

En el telediario de la 1. Flipad.

FRAN

Tampoco nos vengamos arriba, que eso solo lo ven viejos.

DIANA

¿Y a quiénes crees que queremos que les llegue el mensaje?

MELANIE

Esto es grande.

NELLY *(Asintiendo.)*

Más de lo que creíamos...

CANDELA

¿Veis cómo lo de los *hashtags* y las redes sí que sirve?

NELLY asiente y le sonríe.

VÍCTOR *(Preocupado.)*

Si quieren sacarnos, les basta con tirar las puertas y arrastrarnos a la fuerza.

DIANA

No lo van a hacer. Por lo menos, no ahora.

VÍCTOR

¿Cómo estás tan segura?

DIANA *(Mostrando su móvil.)*

Saben que les están mirando. Y si usan la fuerza, se va a liar todavía más. No les conviene que toda esa gente de ahí abajo se ponga nerviosa.

OMAR

Estoy con Diana. Esta noche no van a hacernos nada... Así que tenemos unas horas para pensar.

MELANIE

¿Pensar el qué?

OMAR

Cómo queremos que termine. Porque lo que es seguro es que, ahora que esto se ha hecho grande, va a tener un final.

Las sirenas se intensifican y, con ellas, los gritos de la gente que está abajo y que se opone a que la policía los disperse. El grupo se suma, desde las ventanas, gritando a coro y una y otra vez la consigna de sus pancartas: «¿Cuánto vale una vida?». El ruido se vuelve casi insoportable y, poco a poco, se oye cómo se alejan las sirenas. Todos lo celebran chocando manos y abrazándose: han ganado el primer asalto. Se sientan en pequeños grupos –CANDELA con DIANA y FRAN, VÍCTOR con NELLY, OMAR con MELANIE– y sacan algo de comida de sus mochilas. La noche va a ser larga.

19

MELANIE y OMAR comparten unas latas y un par de bocadillos.

MELANIE *(Señalando el portátil de ADAM.)*
    ¿Lo has leído?

OMAR niega con la cabeza.

MELANIE
    ¿Y lo vas a leer?

OMAR se encoge de hombros.

OMAR
    ¿Debería?

MELANIE
    No sé... Yo no tengo ni idea de si querría leerlo.

OMAR
    Por eso.

MELANIE
    Aunque creo que lo haría. Sería como hablar con él una última vez.

OMAR
    Pero sin poder responderle.

MELANIE
    Ya...

OMAR

Me da miedo. Me acojona pensar que lo que sea que escribió sobre nosotros no me guste. Que haga que todo sea aún peor.

MELANIE

¿Quieres mi opinión? Pero la de verdad, no en plan bienqueda.

OMAR

¿Tengo más opciones?

Los dos se ríen.

MELANIE

No te va a gustar que desnude una parte vuestra. La parte en la que Adam sentía que no podía ser al cien por cien contigo por...

OMAR *(Adelantándose mientras* MELANIE *busca un eufemismo que no encuentra.)*

Mi familia.

MELANIE *(Asintiendo.)*

Pero sí te va a gustar el resto.

OMAR

¿Y el resto es...?

MELANIE

El resto es todo lo bueno que teníais.

OMAR

Y que yo jodí.

MELANIE *lo mira extrañada, sin entender.*

OMAR

La última noche. Tuvimos una bronca muy *heavy* y... No sé qué me pasó. Bueno, sí... Sí sé qué me pasó. Me pasó que lo saqué todo y lo pagué con él. Porque era más fácil. Era más sencillo enfrentarme a Adam que plantarle cara a mi padre. Y ahora me arrepiento, Mel. Me arrepiento de haberle dicho todo lo que le dije. Sí. Pero, sobre todo, me arrepiento de no haber sido valiente cuando aún tenía sentido. Cuando hubiera valido la pena serlo.

MELANIE

No es tan simple.

OMAR

No me trates como si fuera imbécil.

MELANIE

Te estoy diciendo la verdad, Omar: que no es tan fácil. Y que no sé por qué hay que medirlo todo en si somos cobardes o valientes. Como si hubiera un baremo y todo lo que rodea nuestras vidas no fuese complejo. Y diferente. Y medio raro.

OMAR

Eso no me consuela.

MELANIE

Porque hemos perdido a alguien a quien amábamos y es imposible que nada nos consuele. Pero no porque no sea verdad. *(Cambiando radicalmente el tono y dándole una palmada amistosa a OMAR en la pierna.)* Tengo que mear.

OMAR sonríe y saca su móvil. Revisa fotos de su galería en las que sale ADAM y las vemos proyectadas al tiempo que él. Hay un cambio de luces, ADAM entra en escena y se queda mirándolo, embobado. Cuando empieza a hablar, es el ADAM de su primera cita, dos años atrás.

20

ADAM y OMAR están en el parque, en 1.º de Bachillerato y en su primera cita, en el mismo banco en el que un día grabarán sus iniciales.

ADAM

Imagínate que esto fuera *First Dates*.

OMAR

Yo nunca iría a *First Dates*.

ADAM

A ver, que es un juego.

OMAR

Ya, pero como yo no iría, no hay juego.

ADAM

Omar, eso no va así, tío.

OMAR

Vale, di.

ADAM

¿Cuál sería tu primera pregunta?

OMAR *(Bromeando.)*

«¿Me puedo ir?».

ADAM

Ponle ganas, porfa.

OMAR

No sé...

ADAM

Es importante.

OMAR

¿Ir a *First Dates*?

ADAM

La primera pregunta. Es la clase de pregunta que lo define todo. Porque te dice cómo es la persona que pregunta y también cómo es la persona que responde.

OMAR

¿Eres siempre así de trascendente?

ADAM

¿Esa sería tu primera pregunta?

OMAR

No, esa se me acaba de ocurrir ahora.

ADAM

¿Que si soy trascendente? No sé. Pero sí creo que todo significa algo. Hasta el horóscopo.

OMAR

No fastidies.

ADAM

Soy cáncer con ascendente aries. Eso quiere decir que soy sensible, imaginativo y romántico, por cáncer, y reivindicativo y con carácter, por aries.

OMAR

Eso quiere decir que te has buscado la carta astral *online* y has decidido creértela porque te encaja.

ADAM

Eso también.

Se ríen los dos.

OMAR

¿Y si empiezas tú? Dime tu primera pregunta y yo pienso la mía.

ADAM *(Tras meditarlo un segundo.)*

¿Qué es lo que más valoras?

OMAR

¿Ves cómo eres un trascendente?

ADAM

Eso es por la parte cáncer.

OMAR

¿Lo que más valoro?

ADAM

Di.

OMAR

Me suena un poco moñas, tío.

ADAM

Eso es porque tú tienes que ser un signo de tierra.

OMAR

¿Puedes parar?

ADAM

Pues responde, anda.

OMAR

En *First Dates* las preguntas son más facilitas.

ADAM

Bueno, pero es que esto no es *First Dates*. Esto es una cita de verdad.

OMAR *(Acercándose a él, con ganas de besarlo.)*

¿Ah, que es una cita?

ADAM *(Retirándose, sin dejarle que le dé el pico que OMAR querría darle.)*

Puede...

OMAR

Pues, para una primera cita, es una pregunta complicada.

ADAM

Tampoco tanto. Y como no te lo curres, lo mismo es la última.

OMAR *(Riéndose.)*

Capullo, eso es chantaje.

ADAM *(Riéndose también.)*

Y del peor.

OMAR *(Pensando, cediendo al juego.)*

A ver... Lo que más valoro... La lealtad.

ADAM

¿Ves? Si estuviéramos en el programa, yo habría dicho que sí, que quiero una segunda cita.

OMAR

¿Porque valoro la lealtad?

ADAM *(Asintiendo.)*

No se suele valorar lo que no se tiene.

OMAR

Ahora me toca a mí, ¿no?

ADAM asiente.

OMAR

¿Y tú qué es lo que no soportas?

ADAM

Esa es fácil.

OMAR

¿Ah, sí?

ADAM

Para alguien con ascendente aries, sí.
La cobardía.

ADAM se acerca a OMAR y, ahora sí, lo besa. Pero no es un pico superficial, sino un beso largo, intenso y apasionado que solo se detiene cuando las sirenas de la policía suenan de nuevo y, con ellas, el ruido procedente de la calle. En ese momento, ADAM sale de nuevo y OMAR regresa al presente junto con el resto.

21

El grupo observa el enfrentamiento entre la gente que ha acudido a su llamada, incluidos los padres de ADAM, y la policía, que ha acudido con la orden de desalojarlos. Para simultanear ambas acciones, se puede dividir el escenario en dos espacios, de modo que las líneas que se han empleado para dibujar el edificio a punto de ser demolido sirvan de frontera entre lo que pasa dentro y lo que pasa fuera. También se puede optar por situar encima del escenario la acción del grupo (lo que sucede dentro del edificio) y en el patio de butacas, entre el público, lo que sucede fuera, como si los espectadores fueran también parte del barrio.

VÍCTOR

Esto se está poniendo feo...

FRAN

Ya sabíamos que ocurriría.

MELANIE *(Realista e inquieta.)*

Es cuestión de horas que manden a los antidisturbios.

NELLY

Mientras haya cámaras, esperarán.

VÍCTOR

Pero las cámaras no van a estar ahí siempre. Así que ahora tenemos que pensar en algo urgentemente.

Además, os advertí de que, si había violencia, no contaseis conmigo.

CANDELA *(Apoyándolo.)*

Hay gente de todas las edades ahí abajo... Paso de ser responsable de una riada. O de algo peor.

OMAR

Estoy con ellos. Si queremos que todo esto haya valido la pena, tenemos que cerrarlo bien. Inventar algo de lo que Adam se hubiera sentido orgulloso. Porque esto lo estamos haciendo por él. ¿O se nos ha olvidado?

FRAN

¿A qué viene eso?

OMAR

A que a lo mejor nos están pudiendo el ego y las ganas de ir por la vida de salvadores, como si la única razón fuera la nuestra.

FRAN

Ah, vale, que ahora el malo soy yo.

OMAR

Ya estás otra vez. Esto no va de malos y buenos. Va de personas. Y yo lo que quiero es...

Omar busca una de las pancartas donde se lee #JusticiaparaAdam, la arranca y la pone delante de Fran.

OMAR

Lo único que quiero, Fran, es esto.

POLICÍA 1

¿Se puede saber qué pretenden?

ALICIA

Solo queremos que nos escuchen.

VOCES

¡Justicia para Adam!

POLICÍA 2 *(Conciliador.)*

Estamos haciendo todo lo que podemos.

HÉCTOR

No lo dudamos. Pero no basta.

POLICÍA 1

¿Qué esperan? ¿Un milagro?

ALICIA

Que nos tomen en serio.

HÉCTOR

Y que no se repita.

VOCES *(Coreando.)*

¡Cuánto vale una vida!
¡Cuánto vale una vida!

POLICÍA 1

Miren, si creen que [este nu-
merito va a servir de algo...].

POLICÍA 2 *(Interrumpiendo a su
compañero.)*

Llevo días sin dormir con
este caso. Y no pretendo vic-
timizarme, se lo aseguro,
pero no se imagina hasta
qué punto me obsesiona
poder darles una respuesta.
Porque yo también fui su
hijo. Yo también curré en
todo lo que pude mientras
opositaba y me buscaba algo
mejor. Y este es también
mi barrio. Así que entiendo
su rabia, de verdad, hasta
puedo entender que necesi-
ten buscar enemigos para
desahogarse, pero nosotros
tampoco podemos hacer
más. No podemos avanzar
en un caso en el que no hay
testigos. Ni acusar a alguien
que nadie vio. Tienen que
entenderlo, por favor.

ALICIA

Lo entiendo. Pero ya no se
trata solo de lo que le pasó a
Adam, sino de algo aún más
grande. Nosotros ya hemos

perdido la esperanza de que den con quien sea que lo mató. Somos realistas. Sabemos que sin cámaras ni testigos va a ser imposible... Pero no vamos a aceptar que su muerte no tenga un significado. No vamos a tolerar que mi hijo haya sido asesinado sin que su vida importe. Por eso hemos venido. Para que importe.

OMAR

¿Alguna idea?

Todos niegan con la cabeza.

VÍCTOR

Es humillante.

NELLY

¿Qué es humillante?

VÍCTOR

Acabar así. Porque esto solo tiene dos finales: o nos rajamos nosotros y nos vamos por las buenas o nos sacan ellos por las malas.

NELLY

¿Haber convocado a tanta gente ahí fuera te parece humillante?

DIANA *(Dándole la razón.)*

Pase lo que pase, esto ya ha sido un éxito. Nos hemos

unido. Estamos juntos. Hacía mucho que este barrio no se sentía así. Acabe como acabe, ya hemos ganado. Lo que pasa es que no todas las victorias son iguales. Algunas, las que más importan, suelen ser tan pequeñas que apenas se ven.

VÍCTOR

A mí sí me importa cómo acabe.

OMAR

Adam estaría diciendo eso mismo. Necesitamos un final.

VÍCTOR

Uno que no sea triste.

DIANA se encoge de hombros.

POLICÍA 1

De ustedes depende que esto no se convierta en un problema más grave.

HÉCTOR

¿Nos está amenazando?

POLICÍA 2 *(Corrigiendo a POLICÍA 1.)*

No, señor, no les estamos amenazando. Mi compañero solo les está informando de que si a las siete no han desalojado la zona, tendrán que intervenir los antidisturbios. La demolición es inaplazable. Y no podemos consentir que nadie salga herido. Mucho menos, sus hijos.

POLICÍA 1

Ni toda esta gente que está aquí por su culpa.

ALICIA

No están aquí por nuestra culpa. Están aquí por culpa de los malnacidos que están destrozando este barrio. Y del asesino de mi hijo. Por eso están aquí.

AISHA entra en escena y se acerca, discreta y algo dubitativa, a ALICIA y HÉCTOR.

MELANIE está mirando por la ventana y reconoce a AISHA.

MELANIE

¡Omar!

OMAR la mira descolocado y MELANIE le hace un gesto para que se acerque. OMAR acude y se sorprende y emociona al ver a su madre allí. MELANIE se queda a su lado, sonriente.

POLICÍA 2 *(Tratando de ser persuasivo.)*

No tuve la suerte de conocer a su hijo, ¿pero de verdad creen que Adam querría que esto acabase con una violencia innecesaria?

AISHA

Su hijo no querría que hubiera violencia, pero tampoco que nos rindiésemos.

POLICÍA 1

Señora, no sé quién es, pero no estábamos hablando con usted.

AISHA *(Señalando a HÉCTOR y ALICIA.)*

Soy la madre del mejor amigo de su hijo.

ALICIA coge del brazo a AISHA agradeciéndole su apoyo.

OMAR *(Para sí.)*

Su mejor amigo...

MELANIE

Dale tiempo. Si ha venido es porque ella sabe [que erais más que eso].

POLICÍA 1

No me están entendiendo.

ALICIA

Claro que le estamos entendiendo. Pretenden que nos

disolvamos. Como si no hubiera pasado nada. Pero ha pasado.

AISHA

No podemos irnos sin más. El Adam que venía a casa a estudiar con mi hijo no nos lo perdonaría.

POLICÍA 1

Ustedes sabrán. Pero si al final hay heridos, no vengan con excusas: será su responsabilidad. Tienen hasta las siete de la mañana. Ni un minuto más.

Sale.

HÉCTOR *(A AISHA.)*

Gracias.

AISHA asiente, aún algo afectada tras su enfrentamiento con el POLICÍA 1.

OMAR

Van en serio.

MELANIE

Tenemos cuatro horas.

FRAN

No es mucho.

CANDELA

Y a las tres de la mañana, ya es poco probable que se sume más gente.

DIANA

Habríamos necesitado un día más.

OMAR

Lo saben. Por eso no van a dárnoslo.

NELLY

¿Y qué hacemos?

CANDELA

Los medios se desinflarán pronto. Además...

DIANA

¿Sí?

CANDELA

Han dado con dos de los conductores que habían atropellado a los otros *riders*.

FRAN

Adiós a la teoría del asesino de *riders*.

DIANA

Y al morbo. Sin psicópata, ya no les interesamos tanto. Volvemos a ser un barrio más.

VÍCTOR

Entonces, sí que estaban investigando...

NELLY

¿Quiénes?

VÍCTOR

La poli, quién va a ser. Si han encontrado a los otros dos, es porque sí que están intentando resolverlo.

FRAN *(Algo avergonzado.)*

Ya.

MELANIE

Quizá...

Se calla, como si no quisiera continuar hablando.

OMAR

Sigue, por favor.

MELANIE

No es lo que queréis escuchar.

DIANA

Pues con más motivo. ¿No queríamos voces críticas? Pues adelante.

MELANIE

Tal vez no den nunca con el asesino de Adam... Y no por falta de voluntad ni por falta de pruebas. Tal vez no den con él porque no es una persona. Es un sistema. Es un monstruo gigantesco y abstracto que estamos alimentando entre todos y del que ese coche era solo un engranaje más. Porque a lo mejor, no sé, a lo mejor Adam pudo saltarse el cruce en rojo, y quien condujera ese coche pudo no verlo, y asustarse, y quizá, porque mientras no lo sepamos siempre será un quizá, ninguno de los dos habría estado allí si no tuvieran que ir o que volver de trabajar a unas horas absurdas, un festivo, una noche en la que Adam habría estado en cualquier otro lugar si no temiera que fueran a desahuciar a sus padres. Por eso puede que nunca encuentren al culpable. Porque hace mucho que lo tenemos delante. Aunque no tenga un solo nombre. Ni sea una persona. Ni un psicópata de esos que darían para hacer una peli que Adam jamás habría escrito. Porque él, cuando escribía, hablaba desde la verdad. Desde lo que le latía por dentro. Y eso, creo, eso es lo que deberíamos hacer nosotros ahora. No sé cómo, pero ese sí que sería un buen final para esta noche. Algo que sea verdad. Que nos salga de dentro...

DIANA

Pues creo que acabas de dar con el cómo, Mel.

DIANA se aparta y comienza a escribir algo en su móvil. El resto, desconcertados, esperan a que ella les comunique qué es lo que se le ha ocurrido. OMAR se sienta junto a MELANIE.

OMAR

Gracias.

MELANIE

¿Por?

OMAR no responde: se limita a abrazarla. Ella recibe con una sonrisa ese abrazo. DIANA reclama la atención del grupo.

DIANA

A ver qué os parece....

Todos se reúnen en torno a ella, que les explica los detalles de un plan que no escuchamos. Mientras debaten, ADAM aparece y se coloca, con su ordenador, en el escenario. Comienza a teclear.

CANDELA

Yo me encargo de enviarlo.

DIANA

Es importante que todo el mundo ahí fuera esté preparado a las seis cuarenta y cinco. Y si pueden, que llamen a más gente.

CANDELA

Entendido.

FRAN

¿De verdad crees que algo así va a ayudarnos?

VÍCTOR

Algo así es lo que Adam habría hecho.

FRAN

A lo mejor Adam está muerto precisamente por eso. Por no haberse atrevido a hacer más.

OMAR, al oírlo, se enfrenta rabioso a FRAN.

OMAR *(Defendiendo a su novio con pasión.)*

Adam se atrevió a todo. A ser. A escribir. A pelear por los suyos. A querer a sus amigos. Y hasta a quererme a mí, que te aseguro que no es nada fácil. Así que no se te ocurra acusarlo de nada. Y mucho menos, cargarlo con tus mierdas. Porque liarse a golpes sí que es fácil. Pero tragarse la rabia y hacer algo útil con ella, te aseguro que no.

FRAN *(Asumiendo que se ha pasado, realmente arrepentido.)*

Lo siento.

VÍCTOR *(Mediando.)*

Estamos todos muy cansados. Y muy nerviosos.

CANDELA

Mensaje enviado.

DIANA

Pues ahora, a esperar.

Todos se sientan en pequeños grupos. ADAM no deja de teclear, como si estuviera escribiendo cuanto estamos oyendo en escena.

22

OMAR está sentado junto a MELANIE. A unos metros de ellos, ADAM escribe en su portátil.

OMAR

¿Te puedo contar una rayada?

MELANIE

Claro.

OMAR

Vas a pensar que estoy loquísimo.

MELANIE

Acabamos de decirle que sí a la idea de Diana. Es imposible estar peor.

Se ríen.

OMAR

Tengo la sensación de que todo esto es solo medio real.

MELANIE

Pues no, no era imposible...

OMAR

Como si viviéramos en una dimensión alternativa desde que mataron a Adam. Una línea temporal de mierda...

MELANIE

Esta.

OMAR

Exacto. Y otra donde él sigue estando. Escribiendo. Donde aún somos les tres. Igual que siempre.

MELANIE

¿Y esta línea chunga cómo aparece?

OMAR

Porque él la está escribiendo.

MELANIE

La verdad es que la historia tiene todos los *checks* para ser suya: rollito *queer*, resistencia, denuncia social... Vamos, una fiesta loca.

OMAR

Y final gris.

MELANIE

Bueno, eso aún no lo sabes.

OMAR

¿A ti te parece que nos espera un final mejor?

MELANIE

Si lo estuviera escribiendo Adam, sería todavía más triste.

OMAR

Eso también... ¿Qué crees que escribiría?

MELANIE

La policía llegaría una hora antes de lo previsto, en plan sorpresa chunga. Nadie estaría preparado, así que el plan no funcionaría. Ah, y nos detendrían a todos por conspiradores.

OMAR

Y moriría alguien. Eso seguro.

MELANIE *(Asintiendo, dándole la razón.)*

En todas sus historias moría alguien.

OMAR

¿En su último guion también?

MELANIE

Pffff...

OMAR

¿Me traduces ese pfffff en algo que se entienda, *please?*

MELANIE

No muere nadie... Pero sí muere algo.

OMAR *se queda en silencio un segundo. Serio.*

OMAR

¿Una relación?

MELANIE asiente. En adelante, sus palabras entre corchetes son enmudecidas por la voz de ADAM, que es a quien escuchamos

MELANIE

Pero me dijo que [no estaba hablando de vosotros].

ADAM

No estoy hablando de nosotros.

MELANIE

Según él [era lo que temía que os pudiera pasar].

ADAM

Es lo que temo que nos pueda pasar.

MELANIE

Si [no lo arreglabais antes].

ADAM

Si no lo arreglamos antes.

MELANIE

Lo escribió [para sacárselo de encima. Como un exorcismo].

ADAM

Lo he escrito para sacármelo de encima. Como un exorcismo. A veces lo hago. A veces me pongo en lo peor y lo convierto en ficción, a ver si así desaparece. O, por lo menos, deja de doler tanto.

Cuando has transformado todo ese miedo en un personaje, en alguien que no eres tú al cien por cien, aunque todo el mundo te diga que sí que lo eres, parece que la angustia pesara un poco menos, o hasta que te pudieras dar un abrazo.

A lo mejor la historia de este guion acaba tan mal porque yo quiero que la mía acabe bien. No, mejor todavía, Mel: yo quiero que la mía, que mi historia con Omar no acabe nunca. Porque incluso si dejamos de estar juntos, incluso si deja de ser mi novio, incluso si alguna vez no me muero de ganas de comerle la boca, que lo dudo, voy a seguir necesitando que siga en mi vida.

Incluso si lee este guion y después me quiere mandar a la mierda, voy a seguir queriéndolo.

MELANIE

Sus finales eran terribles, Omar. Todos. Pero el que quería para vosotros era el único final hermoso que se sentía capaz de imaginar.

OMAR

Pues ya veremos cuál nos ha escrito para esta noche.

ADAM empieza a teclear frenéticamente, como si todo cuanto sucede estuviera saliendo de su ordenador. DIANA da el aviso y los reúne a todos.

DIANA

Es la hora.

FRAN

¿Están listos ahí fuera?

CANDELA

Eso espero...

NELLY

Voy a ver.

NELLY se asoma a la calle y, al mismo tiempo, el escenario se llena con gente que ha acudido a apoyarlos y que lleva una vela en una mano y el móvil en la otra. Entre ellos, ALICIA y HÉCTOR, los padres de ADAM y AISHA, la madre de OMAR. También pueden aparecer los actores que encarnan el rol de policías con una caracterización diferente, cualquier miembro de la compañía que se quiera sumar al coro e incluso cabe la opción de animar al público a subir a escena para que participen de la protesta de los protagonistas. Igualmente se pueden emplear proyecciones o jugar con efectos sonoros que nos hagan sentir que estamos ante una multitud.

Mientras la calle se llena de gente, DIANA reparte velas entre su grupo. Al igual que la gente que espera fuera, todos –salvo CANDELA, que es la encargada de grabarlos– tienen el móvil en una mano, desde donde leerán el texto que ella les ha pasado, y la vela en la otra.

CANDELA *(Apuntándolos con la cámara del móvil.)*

Ya estamos en directo.

DIANA *(A OMAR.)*

¿Empiezas tú?

OMAR asiente. Conforme van leyendo el texto, van saliendo del edificio y mezclándose con la gente. Cuando en el texto se indica TODOS, se incluye tanto al grupo de jóvenes como a los espontáneos congregados en la calle.

OMAR

«Di mi nombre.
Mírame y pronúnciame despacio».

MELANIE

«Con todas mis letras».

VÍCTOR

«Mastica cada sílaba».

NELLY

«Cada sonido».

FRAN

«Detente después de decirlo una vez».

DIANA

«Y repítelo».

ALICIA

«Hazme presente».

HÉCTOR

«Hazme real».

AISHA

«Haz que sienta que estoy aquí».

OMAR

«Que puedes verme».

TODOS

«Que no soy una sombra».

MELANIE

«Que no soy niebla».

TODOS

«Que no soy niebla».

DIANA

«Que hay una luz que también va a ser mía».

ALICIA y HÉCTOR *(Rompiéndose, incapaces de acabar de leer esa frase.)*
«Una luz...».

AISHA, ALICIA y HÉCTOR *(AISHA los ayuda a acabar la frase.)*
«Una luz que también me pertenece».

TODOS

«Hazme presente.
Hazme real».

ADAM *(Sin dejar de escribir, al ordenador, absorbido por su creación.)*
¡Decid mi nombre!

El sonido de las sirenas policiales interrumpe el recital poético improvisado. DIANA, como líder del grupo, mira a sus compañeros y les hace un gesto para que comiencen a dispersarse.

TODOS

¡Adam! ¡Adam! ¡Adam!

Abandonan el espacio lentamente, gritando el nombre de ADAM y siempre con las velas en la mano. Cuando ADAM se queda solo, desaparece el ruido de las sirenas y la luz lo enfoca solo a él.

23

ADAM sigue escribiendo. Tras él, todos los personajes de la ficción comienzan a salir a escena y se mueven reproduciendo, sin hablar, algunas de las escenas que hemos visto hasta ahora a lo largo de la función. OMAR entra con unos folios en la mano –los mismos que anteriormente fueron tanto las hojas de firmas como el texto de ADAM– y se acerca a él. En cuanto se sienta a su lado, ADAM deja de teclear y los demás personajes se detienen, como si fueran estatuas.

ADAM

¿Y?

OMAR

Necesito el final.

ADAM

Estoy en ello...

OMAR

¿Pero cómo acaba?

ADAM

Espera a que lo termine.

OMAR

Dame una pista al menos.

ADAM

Sabes que odio los *spoilers*. Y si son de mis historias, más todavía.

ADAM vuelve a teclear. En ese momento, DIANA, VÍCTOR, CANDELA, FRAN *y* NELLY *cobran voz y movimiento.*

CANDELA

Al menos los abogados nos salen gratis.

VÍCTOR

Cojonudo, sí.

CANDELA

Y no solo se han ofrecido a ayudarnos con eso, sino también a investigar las conexiones entre la inmobiliaria y el ayuntamiento.

DIANA

Eso sí sería lo más. Ojalá den con algo que permita echarlos y recuperar el barrio.

VÍCTOR

Para cuando lo encuentren, si lo encuentran, ya no quedará ni un vecino aquí.

NELLY

No estoy tan segura. ¿No habéis visto la que se ha montado ahí fuera con todo esto?

FRAN

Me cabrea no ser más optimista, pero Víctor tiene razón. Esto da para cuatro titulares más. Como mucho. Pero se olvidará en cuanto llegue otro tsunami informativo que les mole más. Y sobre las conexiones esas... Todo el mundo sabe que el novio de la alcaldesa hace negocios con la inmobiliaria, pero nadie ha logrado demostrar nada. Ni lo van a hacer.

DIANA

O sí, Fran. O sí. Tampoco imaginábamos que iba a llamarnos un bufete de abogados para defendernos gratis, ¿no? Ni que nos iban a hacer entrevistas en todos los canales.

FRAN

Casi todos.

DIANA

Vale, sí, casi todos. Pero esto ha tenido repercusión. Y hasta hemos conseguido un local.

Los personajes, salvo OMAR y ADAM, que recuperan el foco, se quedan inmóviles de nuevo.

OMAR *(Muy sorprendido.)*

¿Un local?

ADAM

Sí, ¿por?

OMAR

No, bueno, por...

ADAM lo mira fijamente, esperando a que continúe.

OMAR

Que tengan un local es un final casi feliz para ti.
Acaban consiguiendo algo...

ADAM

Sí, aunque es más un soborno que un logro. La inmobiliaria les permite usar uno de sus locales vacíos confiando en que así dejarán de presionarlos.

OMAR

¿Entonces se venden?

ADAM

No. Solo deciden usarlo para fundar legalmente la asociación y así crecer en serio. En cuanto la inmobiliaria se entere, los echará de allí y tendrán que buscarse otra cosa.

OMAR

¿Ves? Ya sabía que yo que lo del *happy end*, en tu caso, no podía ser.

ADAM

A mí, dentro de lo posible, sí que me parece un *happy end*.

OMAR

Ya, pero es que la gente no va al cine...

ADAM *(Corrigiéndolo.)*

Al teatro. Esto es para teatro.

OMAR

Pues eso, que la gente no va al cine ni al teatro a ver cosas posibles. Todos vamos al cine y al teatro para olvidarnos un poco de la mierda de vida que tenemos y que nos digan que todo va a ir bien. O que no nos lo digan, vale, pero que los que sufren sean otros. Y cuanto más lejos estén esos a los que les va de culo en el tiempo y en el espacio, mejor. Eso si quieres que te produzcan y tener éxito, claro. ¿O es que prefieres ser un autor maldito?

ADAM

¿Y tú?

OMAR

¿Yo qué?

ADAM

¿Tú qué prefieres: un novio *best seller* o un novio autor maldito?

OMAR le sonríe.

OMAR

Un autor maldito, por supuesto.

*ADAM le devuelve la sonrisa. Se besan. ALICIA, HÉCTOR y el POLI-
CÍA 2 entran por uno de los laterales y se sitúan en el banco de la
derecha que simula la casa de ADAM.*

ALICIA

¿Eso quiere decir que lo dan por perdido?

POLICÍA 2 *(Abatido.)*

Hemos destinado todo el tiempo y los recursos posibles, pero
sin testigos ni pruebas contundentes...

HÉCTOR

¿Cierran el caso?

POLICÍA 2

No exactamente. Pero es mi deber advertirles de que, en adelante, no podremos destinar los mismos esfuerzos.

ALICIA

Luego sí lo cierran.

POLICÍA 2

Entiendo lo importante que es para ustedes, pero...

HÉCTOR

No, no lo entiende. Cree que sí, pero no. No puede entenderlo
porque perder a un hijo no es algo que se entienda. Ni siquiera
yo soy aún capaz de entenderlo. Solo sé que me levanto cada
mañana y me asomo a su cuarto para convencerme de que
todo ha sido una pesadilla. Un mal sueño. O una de esas historias tan pesimistas con las que Adam nos atormentaba.

OMAR *(A ADAM, bromeando y señalando a HÉCTOR.)*

¿Lo ves?

ADAM *(Siguiéndole la broma.)*

No soy pesimista, soy realista.

HÉCTOR

Pero entro en su cuarto y no hay nadie. Porque una noche, un asesino se lo llevó por delante y no se detuvo. Y ahora usted me dice que tengo que entender que no lo van a encontrar. Que ni siquiera vamos a poder mirarlo a la cara para decirle el daño que nos ha hecho. Que no nos va a quedar ni el consuelo, si es que es un consuelo, de que pague por haber matado a nuestro hijo. ¿Eso es lo que usted quiere que entienda? ¿Lo que usted entiende? Porque yo no. Yo le puedo asegurar que no lo entiendo.

POLICÍA 2

Lo siento, de verdad que lo siento. Ojalá todo hubiera sido distinto.

El POLICÍA 2, compungido, hace una señal de despedida y sale. Los padres de ADAM se marchan también tras unos segundos.

OMAR

¿No lo encontraron?

ADAM *(Recitando, de memoria.)*

«Ya no me encontraron.
¿No me encontraron?
No. No me encontraron».

OMAR mira a ADAM sin entender bien, algo desconcertado.

ADAM

Lorca. No lo encontraron... Y él lo sabía.

OMAR

¿Ahora los escritores también sois videntes?

ADAM

Un poco... A veces escribo cosas que no han pasado. Pero que van a pasar. O que podrían.

OMAR

Cosas posibles.

ADAM

Eso.

OMAR

Aunque no sean comerciales.

ADAM

Exacto.

OMAR

Pero en el caso de Lorca, a quien no encuentran es al asesinado.
Y en tu historia, a quien no encuentran es al asesino.
Es diferente.

ADAM

¿Y qué es peor?

OMAR

Las dos historias son un asco.

ADAM

Ya... ¿Y sabes qué es lo peor?

OMAR

¿Qué?

ADAM *(Cerrando su ordenador.)*

Que las dos son reales.

OMAR va a responder algo, pero MELANIE, desde el otro extremo, llama su atención. Cuando se vuelve hacia ADAM, este ya no está en escena.

24

MELANIE señala las hojas que OMAR lleva en la mano.

MELANIE

Al final lo has leído.

OMAR *(Negando con la cabeza.)*

Lo he impreso.

MELANIE

¿Sin leerlo?

OMAR

No estoy preparado.

MELANIE

¿Aún sigues enfadado con él?

OMAR

Con quien estoy enfadado es conmigo, Mel. Por eso me da miedo que leerlo haga que todo me duela tanto como si hubiera vuelto a ocurrir.

MELANIE

A ratos me pasa a mí también... A ratos me olvido de que ya no está y pienso en enviarle un wasap. O hasta en llamarlo.

OMAR

¿Deberíamos cerrar su cuenta de insta?

Melanie

¿Te sabes la contraseña?

Omar

Era la misma que ponía para todo... Bueno, y la que sigo poniendo yo.

Melanie

Vaya dos cursis.

Omar

Ya ves...

Se ríen con tristeza.

Omar

En serio, ¿la borro?

Melanie busca la cuenta de Instagram de Adam en su móvil y la mira, tratando de tomar una decisión. Resopla indecisa.

Omar

Él ya no está. Y cada vez que me salta un post antiguo suyo, se me revuelve todo.

Melanie

Pero su perfil se ha convertido en otra cosa... Su último post está lleno de testimonios de gente como nosotros. ¿Los has leído?

Omar niega con la cabeza. Melanie señala su pantalla.

Melanie

Mira.

Omar coge el móvil y empieza a hacer scroll para leer los testimonios. El público los escucha: pueden ser grabaciones (vídeos o audios) o pueden ser enunciados por la compañía, que se sitúa en diferentes puntos del escenario o incluso en el mismo patio de butacas.

Ninguno de los testimonios se escucha completo: todos se van su-perponiendo entre sí hasta generar un eco que dé la sensación de que son muchas las personas que han escrito en ese perfil.

Voz masculina

Yo también perdí a mi novio hace un año por culpa de un conductor borracho. Todavía me levanto y...

Voz femenina

Nos desahucian en un mes. De momento, hemos conseguido evitarlo gracias a los vecinos, pero....

Voz masculina

La primera vez pensábamos que era alguien que había tenido mala suerte, pero pronto empezaron a dejar sin casa a medio barrio...

Voz femenina

Curro en lo mismo que tú currabas, Adam, porque si no, no me puedo pagar la uni, y yo quiero ser algo grande, aún no sé el qué, pero algo grande...

Voz masculina

Gracias, Adam, por haber recordado que los nombres importan...

Voz femenina

Gracias, Adam, por haber escrito que...

Voz masculina

Gracias, Adam...

Voz femenina

Gracias, Adam...

Voz masculina

Gracias, Adam...

OMAR, con los ojos arrasados en lágrimas, le devuelve el móvil a MELANIE.

MELANIE

Podemos no cerrarlo y convertirlo en una especie de *in memoriam*. Un lugar para que no se olvide.

OMAR *(Para sí.)*

«No me encontraron».
No sé... Un poco *creepy*.

MELANIE

Ya.

OMAR

Bueno, tampoco tenemos que decidirlo ahora...

MELANIE *(Volviendo a las hojas que OMAR tiene en la mano.)*

Y con esto, ¿qué?

OMAR

Lo presentamos, ¿no?

MELANIE

¿Pero le podrían dar la subvención estando...?

Se calla, no es capaz de decir la palabra «muerto».

OMAR

Me he estudiado las bases. Hay una cláusula dentro de otra cláusula debajo de otra cláusula que dice que... Espera...

OMAR busca en su móvil y lee.

«La ayuda se puede conceder de forma póstuma a un guion que, según el jurado, lo merezca, solo que en ese caso será el propio jurado quien decida el equipo que la rodará».

MELANIE

¿Y si se la dieran? ¿Nos parece bien que su idea la ruede otro?

OMAR

Bueno... Eso sería algo posible, ¿no? Y aquí lo posible ya es menos que nada. *(Recordando las palabras de ADAM.)* Un final casi feliz.

MELANIE

¿Te vemos luego en el local?

OMAR

Claro.

MELANIE le sonríe. OMAR intenta sonreírle también, pero no le sale del todo. Se miran serios.

MELANIE

Aún nos va a costar mucho, ¿verdad?

OMAR asiente. Los dos permanecen un segundo en silencio.

MELANIE *(Aludiendo a los folios de nuevo.)*

¿Quieres que lo haga yo?

OMAR

Tranqui, Mel, yo me ocupo.

MELANIE le hace una caricia de agradecimiento y sale de escena, suponemos que en dirección al nuevo local de la recién legalizada asociación. OMAR camina en dirección contraria, hacia su casa.

25

Omar entra en su casa. Su madre está sola, sentada en el banco, leyendo.

Omar

¿Y papá?

Aisha no responde.

Omar

¿Sigues sin saber nada?

Su madre niega con la cabeza.

Omar

Volverá...

Aisha se encoge de hombros.

Omar

Siento que por mi culpa [se fuera].

Aisha *(Dejando el libro y mirándolo a los ojos, con ternura.)*

No es tu culpa.

Omar

Pero si yo no fuera [así...].

Aisha *(Poniendo su índice en la boca de su hijo para que no siga hablando.)*

Tu padre necesita tiempo. Y yo necesito que ese tiempo lo ayude. Cuando vuelva, quiero que sea el hombre del que me enamoré. No el hombre que le dijo a mi hijo que era un monstruo.

Omar *(Culpándose.)*

Se lo tenía que haber contado yo... Si se hubiese enterado de otra forma...

AISHA *(Interrumpiéndolo.)*

Siempre lo supo, Omar... Igual que yo.

OMAR

Pero los medios. Y las redes... Que empezaran a hablar así de Adam y de mí lo complicó todo...

AISHA

Tu padre podría haber elegido sentir lo que he elegido sentir yo.

OMAR la mira esperando saber a qué se refiere.

AISHA

Para mí tampoco es sencillo, Omar. Aquí *(señalando su corazón)* me pesan muchas cosas. Y aquí *(señalando su cabeza)*, también. No tengo que explicarte por qué estoy luchando conmigo. Y con mi fe. Pero en esa lucha, de entre todo lo que me pasa por dentro, elijo el orgullo por un hijo que no se ha rendido cuando han intentado que se rindiera. Y que, en vez de callarse y bajar la cabeza, ha peleado por lo que creía justo. Si en eso consiste tu forma de ser, yo lo abrazo.

OMAR mira emocionado y agradecido a su madre. Ella quiere evitar que esa emoción los desborde, así que cambia el tono y, en vez de darle ese abrazo que le encantaría ofrecerle, busca algo que guarda para él.

AISHA *(Entregándole un paquete y un sobre.)*

Lo ha traído hoy la madre de tu *(intenta decir otra palabra, pero aún no le sale)* amigo.

OMAR *(Intrigado.)*

¿No te ha dicho qué es?

ALICIA aparece en el otro extremo del escenario con un paquete idéntico al que AISHA le ha dado a OMAR en sus manos.

ALICIA *(A AISHA.)*

Estaba entre sus cosas, en su escritorio.
Es la primera vez que entro desde que...
Tengo que acostumbrarme, me dicen.
Nos dicen, más bien, porque a Héctor le pasa lo mismo.

No sé cuándo será normal entrar en su cuarto.

Ni si alguna vez llegará a serlo.

De momento, no hemos tocado nada.

Ni la ropa, ni los libros, ni las fotos.

Temo que si empiezo a tocar algo, Adam desaparezca para siempre.

Y ahora, aunque no sea verdad, a veces me miento e imagino que está.

Que sigue ahí, encerrado escribiendo.

O haciendo planes con tu hijo.

Por eso quería..., quiero darte esto.

Lleva el nombre de Omar, así que, sea lo que sea, es de tu hijo.

AISHA

Gracias... Y si alguna vez necesitas [cualquier cosa...].

ALICIA

Lo sé.

Las dos se sonríen y desaparecen. OMAR se queda solo en escena. Mira el sobre con su nombre y, en ese momento, aparece ADAM en el escenario. OMAR abre el sobre con delicadeza y se toma unos segundos antes de empezar a leerlo, paralizado entre la emoción y el miedo a lo que sea que vaya a encontrar en él.

OMAR *(Leyendo.)*

«No te rías».

ADAM

«Sé que te vas a reír cuando lo veas».

OMAR

«O espero que lo hagas».

ADAM

«Porque no soporto que estemos de mal rollo, Omar».

OMAR

«Y me jode haberla cagado tanto la otra noche».

ADAM

«Eso es lo único que necesito que sepas cuando abras esto».

OMAR

«Que lo siento».

ADAM

«Que no quiero presionarte. Ni obligarte a nada. Y que necesito que estés bien. Porque si tú no estás bien...».

OMAR

«... yo tampoco».

ADAM

«A mí no me gusta eso del amor a cualquier precio. O con condiciones. A mí el amor que me gusta es el que sabe ser. Porque yo no busco que me quieran...».

OMAR

«... busco que sepan quererme».

ADAM

«Y tú...»

OMAR

«... sabes...»

ADAM Y OMAR (*A la vez.*)

«... quererme».

OMAR

«Ahora ya puedes abrirlo».

ADAM

«Y sí, si quieres, también puedes reírte».

OMAR

«Porque, pase lo que pase, no quiero perder nunca tu risa».

ADAM

«Tengo miedo a perder la maravilla
de tus ojos de estatua y el acento...»

OMAR

«... que me pone de noche en la mejilla
la solitaria rosa de tu aliento».

ADAM

«Y no te vengas muy arriba, que esto también es Lorca.
Ya me gustaría a mí escribirte así.
Pero te vas a tener que conformar con un...»

OMAR

«... novio autor maldito».

ADAM

«Y lo malo de tener un novio autor maldito en vez de un novio *bestseller* es que, cuando mete la pata..., solo puede regalarte cosas tan pequeñas y tan ridículas como esta».

OMAR abre la caja y, al ver su contenido, se ríe, tal y como había predicho ADAM.

Es una risa, por primera vez en muchos días, alegre, plena, una risa de celebración del tiempo compartido, de la suerte de haberse encontrado, de la vida que fue a pesar de que ya no siga siendo.

En la caja, veinte, treinta, tal vez cincuenta bolígrafos rosas.

OMAR *(A ADAM.)*
Gracias.

ADAM *(Lleno de amor y tristeza, lo acaricia.)*
Nosotros también nos merecíamos un final casi feliz.

OMAR asiente muy emocionado. Intenta devolverle la caricia, pero ya no puede tocarlo ni alcanzarlo físicamente. En sus ojos, entre lágrimas que aúnan el dolor de la pérdida y la felicidad de haber sido, la silueta de ADAM, que sale del escenario por última vez.

OSCURO

I
UN FINAL CASI FELIZ
(El porqué de la escritura)

OMAR *(A ADAM.)*
Gracias.

ADAM *(Lleno de amor y tristeza, lo acaricia.)*
Nosotros también nos merecíamos un final casi feliz.

Son muchos los temas que atraviesan esta obra, pero hubo uno que marcó su inicio y que acabó convirtiéndose en el primer responsable de que necesitara escribirla.

Un tema que no había aparecido de manera tan central en mis textos anteriores y que aquí se convierte en el auténtico eje de la función, atravesando todo el viaje que tendrá que hacer Omar desde la primera hasta la última escena de la obra: el duelo.

En *El asesino de riders* –que, por cierto, fue uno de esos títulos que tuve claros incluso antes de empezar a escribir– necesitaba hablar de la pérdida, de la ausencia y de cómo tratamos de curarnos las heridas que nos dejan quienes salen de nuestra vida físicamente y que, sin embargo, permanecen en ella emocionalmente.

La historia de Omar y Adam está marcada por un destino trágico: un atropello con fuga que sesga la vida del segundo justo cuando está comenzando, en ese momento en el que estamos llenos de sueños, proyectos y luchas que afrontamos con más energía que experiencia. Sin embargo, todo eso desaparece brusca y fatalmente en la primera escena, obligándonos a realizar, de la mano de Omar, un doble trayecto: el que tiene que ver con la investigación de lo sucedido y el que alude a su recorrido emocional a ese vacío y esa rabia que, como le confiesa a quienes lo rodean en más de una ocasión, no sabe cómo manejar.

Como autor me interesaba mucho abordar ese doble reto: el racional y el sentimental, de modo que la dramaturgia apuntase en ambas direcciones: por un lado, se buscan respuestas a un crimen que acaba llevándonos a diseccionar violencias sociales, económicas y sistémicas y, por otro, se presenta la evolución interna de un personaje que afronta el duelo de su pareja como mejor puede, sosteniéndose en dos pilares: el de la familia elegida y el de la relación –compleja, pero llena de amor– con su madre.

Enseguida me di cuenta de que hablar de estos temas suponía asumir otro desafío más: dar con un final que, sin edulcorar la realidad, pudiese ofrecer consuelo tanto a mis personajes como a su público, ya sean los espectadores que la vean representada o los lectores que la disfruten en forma de libro.

No quería que el duelo se abordase desde una mirada derrotista, sino inspirarme en mi propia experiencia y hablar de que la muerte –por mucho que evitemos mirarla de frente– forma parte de la vida y de cómo los amigos que ya no están aún siguen junto a mí. Mientras comenzaba a escribir esta obra, pensaba en todas las veces en las que los cito y en cómo siento que decir su nombre (Paloma, Amador) los revive, reafirmándome en que la única muerte absoluta es el silencio y el olvido al que jamás voy a condenarlos.

De esas conversaciones en las que, aunque ellos no estén físicamente, yo sí imagino sus posibles respuestas, o sus críticas, o hasta sus bromas, surgió la idea de dar vida en escena al único personaje que no la tiene. De ahí que Adam participe en la función con la misma fuerza y presencia escénica con las que vive en la cabeza y el corazón de Omar. Y en el corazón de Mel. Y en el corazón de Diana y de sus padres.

Que Adam sea visto, de modo más o menos real, por ciertos personajes tampoco es casual: su mayor o menor grado de presencia guarda relación con los vínculos que sostiene con cada uno de ellos, de ahí que se haga visible ante aquellos con los que hubo una obvia intimidad, ya sea desde la amistad que lo unió a Mel y a Diana o desde el amor apasionado y romántico que compartía con Omar.

Esa presencia teatral y onírica de Adam fue el primer paso hacia el final casi feliz que necesitaba para esta obra. Y, poco a poco al conocer cómo era el mundo que rodeaba a mis protagonistas fui dando también con el resto del camino.

Al contrario que en otras obras teatrales, en esta ocasión no quise contar con una escaleta previa en la que se dibujasen todas las acciones que formarían parte de la función, sino que decidí sentarme junto a Omar y atravesar su mismo laberinto, caminando en dos tiempos y direcciones: hacia el pasado, en busca de respuestas sobre lo que pasó, y hacia el futuro, en busca de respuestas sobre cómo evitar que vuelva a pasar.

Ese doble movimiento se convirtió en un impulso muy inspirador para construir la historia, pues yo también sentía que todo lo que iba sucediendo formaba parte del descubrimiento del personaje y ello me permitía reflexionar tanto sobre la realidad social y el contexto que rodea la acción como sobre su proceso personal y su posicionamiento ante lo que acontece.

El hecho de que los personajes dibujen los diferentes espacios escénicos, ya sea trazándolos con tiza, ya sea moviendo bancos o paneles, también nace de la misma idea: de algún modo, su labor de escenógrafos y *atrezzistas* tiene que ver con esa verdad que se va desvelando progresivamente y, al mismo tiempo, con esa obra que se va representando y casi escribiendo ante nuestros ojos, como si Omar, al recordar a Adam y al tratar de aferrarse a su memoria, se convirtiera también en dramaturgo.

Y ahí es donde interviene un ingrediente esencial en esta propuesta y, también, en mi escritura: el giro metaliterario. En todos mis libros son frecuentes las alusiones a otros libros –o, lo que es lo mismo, los guiños intertextuales–, y en más de una ocasión se alude directamente a la escritura del propio texto. En este caso, esa doble realidad –la que es y la que pudo ser– nace de personaje: Adam pudo haber escrito la obra o, al menos, haberla imaginado.

De repente, tanto Adam como Omar están escribiendo su historia: Adam, de manera literal, como el guion que nunca tuvo tiempo de componer; Omar, de modo figurado, a través del mapa mental que va dibujando con los recuerdos de lo sucedido.

Además, la escritura es clave en la resolución de la obra, tanto en su vertiente más social y reivindicativa –donde se pone de relieve el poder de la poesía como instrumento político– como en su vertiente más íntima, gracias a esa carta que se convierte en el último abrazo entre Adam y Omar.

A mí, confieso, se me empañó la mirada al escribir esas últimas líneas. Y se me vuelve a empañar ahora al releerlas. Igual que cuando pienso en la noche en que recitan el poema de Adam. En la madre de Omar luchando por entenderlo y decidida, ante todo, a quererlo. O en Omar amando a Adam, aunque sepa que nunca podrá volver a acariciarlo.

Pero, aunque las lágrimas estén ahí, con ganas de salir –que de eso iba lo de la catarsis, ¿no?–, también sonrío. Porque me gusta que haya esperanza. Que haya familia elegida. Que haya una madre que protege a su hijo. Y una caja de bolígrafos rosas que son el mejor regalo que nadie podría haberle hecho nunca a Omar. Por eso sonrío. Porque en su duelo he reflejado los míos. Y porque yo también siento que el suyo, como ellos mismos dicen, es un final casi feliz.

2
UNA OBRA CON DOS CAMINOS
(El cómo de la puesta en escena)

Como dramaturgo no me gusta intervenir en la puesta en escena de mis obras. Lógicamente, siempre estoy disponible cuando los directores me piden consejo o cuando el elenco quiere hablar de sus personajes, pero creo que la labor de dirección e interpretación deben sumarse a mi texto con la misma libertad con la que yo lo he compuesto, de manera que todos esos lenguajes artísticos dialoguen entre sí.

Así que, una vez establecida esta base de libertad absoluta (que se resume en que, si vais a escenificar la obra, lo hagáis del modo que os resulte más atractivo y cómodo), os propongo las dos vías más sencillas para llevarla a escena, no con ánimo de imponer, sino, tan solo, de orientar.

El camino figurativo

Este es, sin duda, el método que menos recomiendo, pero quizá pueda ser interesante si contáis con un equipo artístico en el que haya gente capaz de ofrecer soluciones escenográficas para cada uno de los espacios de la función.

En una obra como esta, donde la acción sucede en tantos lugares y tiempos diferentes, buscar una representación fiel y realista de cada uno de ellos puede resultar casi imposible. Cabe la opción de jugar con proyecciones, por ejemplo, pero creo que, en este caso, lo figurativo es un estorbo y, sobre todo, resulta contrario al espíritu de la función, en la que viajamos a través de la memoria y las emociones de los personajes. Ese viaje puede ser mucho más creíble y emocionante si no vemos las cosas tal y como son, sino tal y como ellos las imaginan y recuerdan, de ahí que en el texto se planteen propuestas como las de las tizas o el uso de paneles, con el objeto de evitar que lo veamos todo desde una óptica cinematográfica y que apostemos, en cambio, por la poesía propia del hecho teatral.

En este camino figurativo, cada actor o actriz tendría un único personaje, de modo que necesitaríamos un reparto amplio y deberíamos contar con un buen diseño de luces para cada uno de los distintos espacios y tiempos, especialmente para distinguir el pasado del presente.

El camino simbólico

Este es, sin embargo, el camino que sí aconsejo y que considero, desde mi propia experiencia como autor y como director, que puede ser más sencillo de incorporar y, al mismo tiempo, más interesante y rico en cuanto a su significado.

Para abordarlo, habría que comenzar elaborando un listado de los principales lugares donde transcurre la acción y, una vez configurado, atribuiremos un elemento escénico a cada uno de ellos (por ejemplo, el banco que será la casa de Adam, el espacio que funcionará como el parque donde se reúnen los jóvenes, etc.).

Tras decidir qué elementos concretos van a funcionar como símbolo de esos espacios, habrá que asociarlos también con una iluminación concreta, teniendo en cuenta si deseamos marcar, además, cuándo estamos en el presente y cuándo en el pasado.

En las acotaciones ya se sugiere la posibilidad de usar flases o luces parpadeantes para subrayar los saltos temporales, pero podemos complementar esa sensación de viaje en el tiempo jugando con matices lumínicos tales como ofrecer una luz más intensa en las acciones en el presente y una luz más tenue en las que hayan sucedido en el pasado.

En cuanto al elenco, al haber optado por una vía simbólica, ya no estaríamos obligados a que cada actor o actriz represente a un solo personaje. Podemos hacerlo así, en el caso de que seamos una compañía grande, o podemos doblar papeles de modo que resolvamos la totalidad del reparto con un grupo más reducido de intérpretes. En este último caso, es importante que nos aseguremos de que nadie tiene dos personajes que coincidan en escena a la vez, sino que sean combinaciones posibles de acuerdo con el texto.

Y, por último, hay que aludir brevemente a dos aspectos que afectan a cualquiera de los dos caminos anteriores, tanto a quienes opten por una puesta en escena simbólica como a quienes escojan una mirada mucho más figurativa: el espacio sonoro y la interpretación.

El espacio sonoro

La obra transcurre en un barrio muy concreto de una ciudad de la que no se dice el nombre y que podéis ubicar donde consideréis más oportuno.

Para que sea creíble, deberíamos oír también esa ciudad, de modo que sintamos que estamos en ella. Es importante que inventéis y utilicéis técnicas inmersivas con el fin de situar al público en sus calles. Podéis optar por recursos tan sencillos como el de que ciertas escenas transcurran en el patio de butacas o que los personajes entren y salgan a través de este, pero también es importante que cuidéis lo que oímos en escena.

Buscad sonidos que nos lleven a esas calles con o sin tráfico, a ese parque, a esa noche de encierro, a ese barrio bullicioso en el que se intentan rebelar contra la gentrificación y los abusos. Es más, podéis grabar sonidos reales o crearlos y usarlos para ambientar las diferentes escenas.

La interpretación

El conflicto de esta obra es, ante todo, emocional. Hay un conflicto social, sí, pero su resolución también pasa por el corazón, pues dependerá de la unión y la amistad del grupo de jóvenes, así como de su confianza en la palabra para cambiar las cosas.

Este peso de los sentimientos hace que sea una obra muy exigente en cuanto a su puesta en escena: debe ser interpretada de manera íntima, sin estridencias, pero también sin pudor, haciendo una labor introspectiva antes de encarnar a los personajes, pues debemos entender qué les pasa, qué sienten y qué desean.

Cada uno y cada una de ellos expresa ideas y emociones diferentes, así que debemos buscar el modo de singularizarlos para que el público pueda entenderlos y empatizar con nuestra propuesta: es importante que defendamos bien sus razones. Y una cosa más: no debemos anticipar lo que vendrá en el futuro, aunque su yo presente ya lo sepa. Es decir, en las escenas con Adam antes del atropello no podemos ver tristeza, ya que ni Adam ni los demás saben lo que va a ocurrir.

Para construir esa doble dimensión temporal de los personajes (pasado y presente), puede ser útil recurrir a improvisaciones donde veamos cómo se comportan cuando todo está bien –es decir, cuando aún Adam no ha muerto– y cómo cambia su situación cuando él desaparece.

Y, como cierre, un último consejo (el más importante, quizá): el teatro es un arte vivo. Un arte que Lorca definió como «la poesía que se levanta del libro y se hace humana». En *El asesino de riders*, bajo su título de *thriller*, hay, en realidad, mucha poesía. A veces, a través de las palabras; a veces, en las acciones. Y la poesía, para ser verdad, necesita decirse desde la emoción, sin filtros, con la misma pasión con la que Omar y Adam se quieren o con la que Adam escribe sus películas.

Así que, si decidís llevar esta obra a escena, si os animáis a estrenarla, sed libres, porque esa libertad artística y esa responsabilidad en cada una de las decisiones que toméis os ayudarán a defender con vehemencia vuestra propuesta. No penséis en qué diría el autor, o en si estaría de acuerdo (que ya os digo que sí): pensad en qué dirían Omar y Adam, en qué opinarían Mel y Diana, en cómo se sentirían Aisha, Víctor y Alicia. Y pensad, ante todo, en qué opináis vosotros, en qué queréis contar y en cómo queréis contarlo.

Así fue, desde esa libertad y esa pasión, como empecé con quince años a escribir teatro. Y así es como he llegado a convertirlo en un oficio: amándolo.

Disfrutad el viaje.

NANDO LÓPEZ
Noviembre de 2025